항공객실 일본어

류정선 저

머 리 말

본 교재『항공객실 일본어』는 항공사 객실승무원을 희망하고자 하는 학습자들을 대상으로, 항공객실서비스 업무 상황에 맞게 항공객실 일본어를 구사할 수 있도록 학습하는 것을 목표로 한다.

『항공객실 일본어』는 항공기 탑승부터 자리안내, 짐 정리, 이륙·안전 체크, 비행 중 서비스인 식·음료 서비스, 기내 면세품 판매서비스, 입국카드 준비 그리고 착륙준비 등, 항공객실서비스 부분의 NCS학습모듈을 기반으로 서비스 절차에 따라 원활한 일본어 커뮤니케이션이 가능하도록 하였다.

본 교재는 6개월 이상의 일본어 학습자를 대상으로 하며, 효율적인 학습 방법은 다음과 같다.

① 우선 자주 반복되는 항공 필수 기본어휘를 익힌다. 특히 단어 어두에 「お」나 「ご」를 붙여 정중한 표현을 구사함으로써 일본어 표현에 서비스 마인드를 담을 수 있도록 반복 훈련한다.
또한 고객 응대에 자주 쓰이는 서비스 일본어 문형을 학습한 후, 상황별 항공객실 일본어 학습에 임하면 좀 더 효율적인 학습효과가 있을 것이다.
② 각 과의 학습은 항공관련 어휘를 바탕으로 항공객실 업무절차에 따라 상황별로 구성된 회화 1, 회화 2, 회화 3, 그리고 문형익히기의 응용표현을 통해 좀 더 능숙하고 다양한 항공객실 일본어를 구사할 수 있도록 하였다.
③ 본문 회화 학습내용은 주로 상황 별 문형중심이 위주가 되고 있는데 학습자가 어려워하는 부분은 서비스 분야에서 쓰이는 존경표현과 겸양표현이다. 이 부분은 반복적으로 학습하여 자연스럽게 구사할 수 있도록 하며 문법적인 것은 부록의 설명을 참고하기 바란다.

④ 일본어 기내방송문은 이륙 안내방송, 안전 안내방송, 착륙 안내방송으로 구성하였으며, 방송 고유의 억양을 표시하여 자연스러운 일본어 방송을 훈련할 수 있도록 하였다. 일본어 기내방송문은 회화부분에 비해 문법적으로나 문형적으로 어려운 표현이 많으나, 억양표시 그대로 읽어 보는 훈련만으로도 추후 항공 객실승무원의 방송업무에 있어 어려움이 없을 것으로 생각된다.

⑤ 본 교재 부록에는 본문 회화를 바탕으로 항공기내 필수표현 50문항이 수록되어 있다. 이 표현만으로도 일본인 고객을 대상으로 하는 항공 객실서비스 업무 수행에 많은 도움이 되리라 생각된다.

본 교재를 통해 항공객실 승무원을 희망하고자 하는 학습자들이 항공객실서비스 현장에서 원활한 일본어 커뮤니케이션이 가능할 수 있도록 도움이 되었으면 한다.

마지막으로 본 교재를 출판함에 있어, 여러 가지로 애써주신 제이앤씨 관계자 분들을 비롯하여, 수업을 같이 하며 항공객실 일본어교육에 있어 많은 의견을 주신 한국외국어대학교의 백현미 선생님, 감수를 해 주신 인하공업전문대학의 고바야시 타카고(小林崇子) 교수님, 그리고 기내방송에 대해 조언해 주신 항공운항과의 유문주 교수님께 감사의 말씀을 전한다.

목 차

	항공객실 일본어 Ⅰ 기본 항공단어	7
1과	サービス あいさつ 서비스 인사말	13
	▍탑승 안내▍	
2과	ご搭乗券を お見せください。 탑승권을 보여주세요.	23
	▍이륙 전 짐정리▍	
3과	お荷物は 上の棚に お入れください。 짐은 윗 선반에 넣어주세요.	33
	▍좌석 안내▍	
4과	非常口座席でございます。 비상구 좌석입니다.	43
	▍기내 서비스▍	
5과	新聞は いかがですか。 신문 보시겠습니까?	55
	▍이륙 준비 (1)▍	
6과	シートベルトを お締めください。 좌석벨트를 매어주세요.	65
	▍이륙 준비 (2)▍	
7과	携帯電話のご使用は 禁じられております。 휴대전화 사용은 금지되어 있습니다.	75
	▍음료 서비스▍	
8과	お飲み物は 何に なさいますか。 음료는 무엇으로 하시겠습니까?	85

	▍식사 서비스 (1) ▍	
9과	お食事は 何に なさいますか。	95
	식사는 무엇으로 하시겠습니까?	

	▍식사 서비스 (2) ▍	
10과	お食事は お済みでしょうか。	105
	식사는 마치셨습니까?	

	▍면세품 판매 서비스 ▍	
11과	免税品の ご注文は ございませんか。	115
	면세품 주문은 없으십니까?	

	▍기내 접객 서비스 ▍	
12과	頭が いたいんです。	127
	머리가 아픕니다.	

	▍입국서류 준비 ▍	
13과	入国カードと 税関申告書でございます。	137
	입국카드와 세관신고서입니다.	

	▍기내방송 (1) - 이륙 안내방송 ▍	
14과	ご搭乗 ありがとうございます。	147
	탑승해 주셔서 감사합니다.	

	▍기내방송 (2) - 비행 중 안전 안내방송 ▍	
15과	皆様、ご案内 申し上げます。	159
	여러분 안내 말씀드립니다.	

	▍기내방송 (3) - 착륙 안내방송 ▍	
16과	皆様、まもなく 着陸いたします。	169
	여러분 곧 착륙하겠습니다.	

부록	1. 문법해설	184
	2. 항공기내 필수표현 50문항	194
	3. 본문해석	199
	4. 연습문제 풀이	209

항공객실 일본어

기본 항공단어

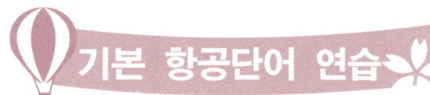

기본 항공단어 연습

☞ 단어를 읽고 써보세요.

1 히라가나

くうこう(空港) 공항

こうくう(航空) 항공

こうくうけん(航空券) 항공권

きない(機内) 기내

ひこうき(飛行機) 비행기

じょうむいん(乗務員) 승무원

にゅうこく(入国) 입국

しゅっこく(出国) 출국

りりく(離陸) 이륙

ちゃくりく(着陸) 착륙

ひじょうぐち(非常口) 비상구

きゃくしつ(客室) 객실

ごとうじょうけん（ご搭乗券）　탑승권

ごあんない（ご案内）　안내

ごきょうりょく（ご協力）　협력

ごちゅうもん（ご注文）　주문

ごりょうしょう（ご了承）　양해

ごしよう（ご使用）　사용

ごえんりょ（ご遠慮）　삼가

おきゃくさま（お客様）　손님

おざせき（お座席）　좌석

おてあらい（お手洗い）　화장실

おのみもの（お飲み物）　음료

おしょくじ（お食事）　식사

おしぼり　물수건

おにもつ（お荷物）　짐

2 가타카나

【항공】

パスポート 여권, 패스포트

サービス 서비스

ファースト クラス 퍼스트 클래스

ビジネス クラス 비즈니스 클래스

エコノミー クラス 이코노미 클래스

キャビン 캐빈(객실)

チケット 티켓

キャビンアテンダント 스튜어디스

フライト 비행

ビザ 비자

カード 카드

グラウンドスタッフ 지상직 승무원

【항공객실】

シートベルト 좌석벨트

ブラインド 블라인드

ビデオ 비디오

テーブル 테이블

スイッチ 스위치

イヤホン 이어폰

リクライニング 리클라이닝

ポケット 주머니

トイレ 화장실

フットレスト 발판

【서비스 식·음료】

ソフトドリンク　소프트 드링크

ジュース　주스

カップ　컵

コーヒー　커피

ビール　맥주

ステーキ　스테이크

ビーフ　비프

スープ　수프

チキン　치킨

ワイン　와인

コーラ　콜라

クリーム　크림

パン　빵

1과

サービス あいさつ
서비스 인사말

기본인사

いらっしゃいませ。

おはようございます。

こんにちは。

こんばんは。

감사할 때

ありがとうございます。

ご利用(りよう)ありがとうございます。

어휘			
いらっしゃいませ	어서오십시오	ご利用(りよう)	이용

양해, 사과할 때

失礼(しつれい)いたします。

おそれいりますが、

ごめんなさい。

すみません。

もうしわけございません。

お詫(わ)び もうしあげます

어휘	
失礼(しつれい)いたします	실례합니다
おそれいりますが	송구합니다만
ごめんなさい	미안합니다
すみません	죄송합니다
もうしわけございません	너무 죄송합니다
お詫(わ)び もうしあげます	사죄 말씀드립니다.

제1과 サービス あいさつ

회화 2

처음 만났을 때

はじめまして。

担当(たんとう) 乗務員(じょうむいん)の金(キム)でございます。

どうぞ よろしく お願(ねが)いいたします。

손님이 찾을 때

お呼(よ)びですか。

何(なん)のご用(よう)ですか。

어휘			
はじめまして	처음 뵙겠습니다	担当(たんとう)	담당
乗務員(じょうむいん)	승무원	-でございます	입니다
よろしく	잘	お願(ねが)いいたします	부탁 드립니다
お呼(よ)びですか	부르셨습니까	ご用(よう)	일, 용무

의뢰에 대응할 때

はい、かしこまりました。

少々(しょうしょう) お待(ま)ちください。

すぐ ご用意(ようい)いたします。

すぐ お持(も)ちいたします。

すぐ お調(しら)べいたします。

어휘		
	かしこまりました	[わかりました(알겠습니다)]의 공손한 표현
	すぐ	곧, 즉시
	少々(しょうしょう)	잠시
	お待(ま)ちください	기다려주세요 (待(ま)つ:기다리다)
	ご用意(ようい)いたします	준비해 드리겠습니다.
	お持(も)ちいたします	가져다 드리겠습니다 (持(も)つ : 들다)
	お調(しら)べいたします	알아봐 드리겠습니다 (調(しら)べる: 알아보다)

필요한 서비스가 있는지 물을 때

ほかに ご必要(ひつよう)なものは ございませんか。

의뢰, 부탁할 때

ご協力(きょうりょく) お願(ねが)いいたします。

ご了承(りょうしょう)くださいませ。

ご遠慮(えんりょ)くださいませ。

어휘				
	ほかに	그 밖의	必要(ひつよう)だ	필요하다
	もの	것	ございませんか	없으십니까?
	ご協力(きょうりょく)	협력	ご了承(りょうしょう)	양해
	ご遠慮(えんりょ)	삼가, 조심함		

연습하기

1 예와 같이 바꿔 보세요.

예 いらっしゃいませ。　（→ 안녕하십니까. 아침인사)
　　（おはよう）ございます。

① すぐ（　　　　　）いたします。　（→ 곧 준비해 드리겠습니다）
　_____。

② 何の（　　　　　）ですか。　（→ 무슨 용무이십니까? ）
　_____。

③ ご（　　　　）お願いいたします。　（→ 협력 부탁드립니다）
　_____。

④ ご（　　　　）ありがとうございます。　（→ 이용해주셔서 감사합니다）
　_____。

제1과　サービス あいさつ

2 예와 같이 바꿔 보세요.

 예

金：はじめまして。
担当(たんとう) 乗務員(じょうむいん)の金(キム)でございます。
どうぞ　よろしく　お願(ねが)いいたします。

① 李(リ)

② 朴(パク)

③ 竹内(たけうち)

④ 山田(やまだ)

말하고 써보기

 일본어로 말하고 써보세요.

① 어서 오십시오. 안녕하십니까 (점심인사)?

➡ _____

② 담당 승무원 김입니다. 잘 부탁드립니다.

➡ _____

③ 삼가해 주십시오.

➡ _____

④ 네, 알겠습니다. 곧 가져다 드리겠습니다.

➡ _____

⑤ 그 밖에 더 필요한 것은 없으십니까?

➡ _____

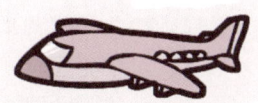

탑승 안내

2과

ご搭乗券を お見せください。

탑승권을 보여주세요.

乗務員（じょうむいん）　いらっしゃいませ。

おはようございます。

ご搭乗券（とうじょうけん）を　お見（み）せください。

あちらへ　どうぞ。右側（みぎがわ）の奥（おく）です。

어휘			
いらっしゃいませ	어서 오십시오	搭乗券(とうじょうけん)	탑승권
お見(み)せください	보여주세요 (見(み)せる : 보이다)		
右側(みぎがわ)	오른 쪽	奥(おく)	안

乗務員　いらっしゃいませ。

　　　　こんにちは。何番でございますか。

お客　　15のBです。

乗務員　お通路側でございます。ご案内いたします。

| 何番(なんばん) | 몇 번 | 通路側(つうろがわ) | 통로측 |
| ご案内(あんない) | 안내 | | |

乗務員　いらっしゃいませ。

こんにちは。ご搭乗券を　お見せください。

お客さまの　お座席は　あちらの窓側でございます。

奥のほうへ　お進みくださいませ。

ご案内いたします。

어휘					
お客様(きゃくさま)	손님	お座席(ざせき)	좌석
窓側(まどがわ)	창측	奥(おく)のほう	안쪽
お進(すす)みください	들어가주세요 (進(すす)む : 들어가다)		

문형익히기

| お ＋ ます형 ＋ ください | －해 주십시오 |

의뢰. 부탁의 정중한 표현이다.

パスポートを　　お見(み)せください。

少々(しょうしょう)　　お待(ま)ちください。

奥(おく)のほうへ　　お進(すす)みください。

こちらから　　お乗(の)りください。

☞ **ます형이란?**　＊부록 p.184 참조

> 동사의 「ます」활용 후, ます를 뺀 형태를 ます형이라고 한다
>
> 見(み)せる → 見(み)せます　　　　ます형 → 見(み)せ
>
> 乗(の)り → 乗(の)ります　　　　ます형 → 乗(の)り

어휘			
パスポート	여권	少々(しょうしょう)	잠시
お待(ま)ちください	기다려주세요 (待(ま)つ : 기다리다)		
こちら	이쪽	－から	－에서
お乗(の)りください	타주세요 (乗(の)る : 타다)		

第2課　ご搭乗券を お見せください。

명사 + でございます | 명사 + 입니다

—です(—입니다)의 정중한 표현이다.

　　何番(なんばん)でございますか。

　　お二階(にかい)でございます。

　　あちらの窓側(まどがわ)でございます。

　　非常口(ひじょうぐち)でございます。

　　お手洗(てあら)いでございます。

—へ どうぞ | -로 가세요(오세요)

どうぞ와 위치명사는 순서를 바꿀 수 있다.

　　こちらへ　　どうぞ。　=　どうぞ　こちらへ

　　前(まえ)の方(ほう)へ　　どうぞ。　=　どうぞ　前の方へ

　　後(うし)ろの方(ほう)へ　　どうぞ。　=　どうぞ　後ろの方へ

▣ 위치명사

上(うえ) 위	下(した) 아래	中(なか) 안, 가운데	外(そと) 밖
前(まえ) 앞	後(うし)ろ 뒤	右(みぎ) 오른쪽	左(ひだり) 왼쪽
横(よこ) 옆	隣(となり) 옆	間(あいだ) 사이	向(む)かい 맞은편

어휘
- 二階(にかい)　이층　　あちら　저쪽
- お手洗(てあら)い　화장실　　非常口(ひじょうぐち)　비상구
- 前(まえ)の方(ほう)　앞 쪽(전방)　　後(うし)ろの方(ほう)　뒤 쪽(후방)

단어쓰기

1 다음 한자를 히라가나로 쓰세요.

① 搭乗券　➡ _____

② 何番　　➡ _____

③ 案内　　➡ _____

④ 窓側　　➡ _____

⑤ 奥　　　➡ _____

⑥ 通路側　➡ _____

2 다음 단어를 일본어로 쓰세요.

① 손님　　➡ _____

② 이층　　➡ _____

③ 좌석　　➡ _____

④ 오른쪽　➡ _____

⑤ 승무원　➡ _____

⑥ 들어가다➡ _____

⑦ 보이다　➡ _____

⑧ 저쪽　　➡ _____

연습하기

1 예와 같이 바꿔 보세요.

예
こちら・非常口(ひじょうぐち)

こちらは 非常口(ひじょうぐち)でございます。

① あちら ・ お手洗(てあら)い

　_____。

② こちら ・ ビジネスクラス

　_____。

③ これ ・ 入国(にゅうこく)カード

　_____。

④ これ ・ 出国(しゅっこく)カード

　_____。

어휘			
ビジネスクラス	비지니스 클래스	入国(にゅうこく)カード	입국카드
出国(しゅっこく)カード	출국카드		

2 예와 같이 바꿔 보세요.

예
ご搭乗券を お見せください。（あちら）

あちらへ どうぞ。 / あちらへ お進みください。

① ご搭乗券を お見せください。（お二階）
　_____。

② ご搭乗券を お見せください。（奥の方）
　_____。

③ ご搭乗券を お見せください。（前の方）
　_____。

④ ご搭乗券を お見せください。（後ろの方）
　_____。

말하고 써보기

 일본어로 말하고 써보세요.

① 탑승권을 보여주세요.

　➡ _____

② 저쪽으로 들어가주세요. 오른쪽 안쪽입니다.

　➡ _____

③ 손님 좌석은 저쪽 창측입니다.

　➡ _____

④ 안으로 들어가주세요.

　➡ _____

⑤ 안내해 드리겠습니다.

　➡ _____

이륙 전 짐정리

3과

お荷物は 上の棚に お入れください。
짐은 윗 선반에 넣어주세요.

乗務員（じょうむいん）　お客（きゃく）さま、おそれいりますが、

こちらは　非常口（ひじょうぐち）でございます。

お荷物（にもつ）は　上（うえ）の棚（たな）、または　お座席（ざせき）の下（した）に

お置（お）きください。

安全（あんぜん）のため、割（わ）れ物（もの）は　お座席（ざせき）の下（した）に

お願（ねが）いいたします。

어휘			
おそれいりますが	송구합니다만	非常口(ひじょうぐち)	비상구
お荷物(にもつ)	짐	上(うえ)	위
棚(たな)	선반	または	또는
お座席(ざせき)	좌석	下(した)	아래
お置(お)きください	놓아주세요 (置(お)く: 두다)		
安全(あんぜん)	안전	ーのため	ー을 위해
割(わ)れ物(もの)	깨지는 물건		

乗務員(じょうむいん)　お客(きゃく)さま、安全(あんぜん)のため、

お荷物(にもつ)は　上(うえ)の棚(たな)、または　お座席(ざせき)の下(した)に

お置(お)きください。

また、　上(うえ)の棚(たな)を　お開(あ)けになる際(さい)には

お荷物(にもつ)が　すべり出(で)ることが　ございますので

十分(じゅうぶん)　ご注意(ちゅうい)くださいませ。

어휘			
お開(あ)けになる	여시다 (開(あ)ける : 열다)	際(さい)	때
すべり出(で)る	미끄러 나오다	こと	일, 것
十分(じゅうぶん)	충분히	ご注意(ちゅうい)	주의

乗務員 お客さま、おそれいりますが、安全のため、

お荷物は 上の棚に お入れください。

お手伝いいたしましょうか。

お客 すみません。上の棚が もう いっぱいです。

乗務員 はい、少々 お待ちください。

お客様、こちらに スペースが ございます。

お手伝いいたします。

お降りの際は どうぞ お忘れなく…。

어휘			
お入(い)れください	넣어주세요 (入(い)れる : 넣다)		
もう	벌써	いっぱい	가득
－ましょうか	－할까요?	スペース	공간
お手伝(てつだ)いいたします	도와 드리겠습니다 (手伝(てつだ)う : 돕다)		
降(お)りる	내리다	際(さい)	－ 때
忘(わす)れる	잊다	－なく	하지 말고

문형익히기

名詞 が ございます　　　　　　명사 이(가) 있습니다.

—が あります(—이 있습니다)의 정중한 표현이다.

こちらに スペースが ございます。

日本の新聞が ございます。

入国カードが ございます。

おそれいりますが、お+ます形+ください　　송구합니다만, —해 주십시오

おそれいりますが、お座席の下に お置きください。

おそれいりますが、上の棚に お入れください。

おそれいりますが、もう しばらく お待ちください。

ます形+いたします　　　　　　— 하겠습니다.
ます形+いたしましょうか　　　— 할까요?

お手伝い いたします　　→　　お手伝い いたしましょうか。

お持ち いたします　　→　　お持ち いたしましょうか。

ご案内 いたします　　→　　ご案内 いたしましょうか。

| 新聞(しんぶん) | 신문 | 入国(にゅうこく)カード | 입국카드 |
| もう しばらく | 조금 더 | | |

第3課　お荷物は 上の棚に お入れください。

단어쓰기

1 다음 한자를 히라가나로 쓰세요.

① 非常口 ➡ _____

② 座席 ➡ _____

③ 安全 ➡ _____

④ 棚 ➡ _____

⑤ 十分 ➡ _____

⑥ 注意 ➡ _____

2 다음 단어를 일본어로 쓰세요.

① 위 ➡ _____

② 아래 ➡ _____

③ 넣다 ➡ _____

④ 두다 ➡ _____

⑤ 돕다 ➡ _____

⑥ 가득 ➡ _____

⑦ 짐 ➡ _____

⑧ 공간 ➡ _____

연습하기

1 예와 같이 바꿔 보세요.

 예

スペースが<u>あります</u>。 → スペースが<u>ございます</u>。

or ご案内<u>いたします</u>。 → ご案内<u>いたしましょうか</u>。

① コーヒーとお茶があります。

_____ 。

② 日本のビールと韓国のビールがあります。

_____ 。

③ お手伝いいたします。

_____ 。

④ お持ちいたします。

_____ 。

어휘			
コーヒー	커피	お茶(ちゃ)	차
ビール	맥주		

제3과 **お荷物は 上の棚に お入れください。** 39

2 예와 같이 바꿔 보세요.

 예

おそれいりますが・入れます（入れる）

おそれいりますが、お入れください。

① おそれいりますが・切ります(切る)

　_____ 。

② おそれいりますが・開けます(開ける)

　_____ 。

③ おそれいりますが・確かめます(確かめる)

　_____ 。

④ おそれいりますが・置きます(置く)

　_____ 。

어휘			
切(き)る	끄다	開(あ)ける	열다
確(たし)かめる	확인하다		

말하고 써보기

 일본어로 말하고 써보세요.

① 이쪽은 비상구입니다.

　▶ _____

② 안전을 위해 깨지는 물건은 좌석 아래에 놓아주세요.

　▶ _____

③ 도와 드리겠습니다.

　▶ _____

④ 이쪽은 벌써 다 찼습니다.

　▶ _____

⑤ 손님, 송구합니다만, 안전을 위해 짐은 윗 선반에 넣어주세요.

　▶ _____

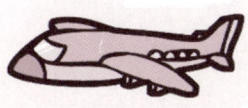

좌석 안내

4과

非常口座席でございます。
비상구 좌석입니다.

乗務員（じょうむいん）　失礼（しつれい）いたします。

　　　　　こちらは　非常口座席（ひじょうぐちざせき）でございます。

　　　　　非常時（ひじょうじ）には　乗務員（じょうむいん）の指示（しじ）のもと、

　　　　　ご援助（えんじょ）を　お願（ねが）いいたします。

　　　　　こちらのご案内（あんない）を　ごらんください。

어휘			
非常口(ひじょうぐち)	비상구	座席(ざせき)	좌석
非常時(ひじょうじ)	비상시	指示(しじ)のもと	지시 하
援助(えんじょ)	원조, 도움		
ごらんください	「見(み)てください」의 경어체 (봐 주세요)		

お客　すみません。席を替えたいんですが。

乗務員　申し訳ございません。本日は　満席でございます。

　　　　後ほど、ご案内いたしますので、

　　　　少々　お待ちください。

　　　　赤ちゃん用のベットは　離陸の後、

　　　　お付けいたします。

어휘			
席(せき)	자리	替(か)える	바꾸다
－たい	－(하고)싶다	本日(ほんじつ)	당일
満席(まんせき)	만석	後(のち)ほど	나중에
赤(あか)ちゃん用(よう)	아기용	ベット	침대
離陸(りりく)の後(あと)	이륙 후		
お付(つ)けいたします	설치해 드리다 (付(つ)ける : 설치하다)		

 회화 3

乗務員(じょうむいん) 失礼(しつれい)いたします。

お客(きゃく)さま、こちらのお客(きゃく)さまが ご家族(かぞく)なのですが、

よろしければ シートチェンジを お願(ねが)いできませんか。

お客(きゃく) いいですよ。

乗務員(じょうむいん) ありがとうございます。ご案内(あんない)いたします。

お待(ま)たせいたしました。

こちらへ どうぞ。

어휘			
家族(かぞく)	가족	よろしければ	괜찮으시다면
シートチェンジ	자리변경		
できません	할 수 없습니다 (できる : 할 수 있다)		
お待(ま)たせいたしました	오래 기다리셨습니다 (待(ま)たせる : 기다리게 하다)		

문형익히기

よろしければ　　　　　　　　괜찮으시다면

―よろし**い**（괜찮다）의 가정형: よろし**ければ**（괜찮으시다면）（い―＞ければ）

　　よろしければ　シートチェンジを　お願いできませんか。

　　よろしければ　　　　説明を　お願いできませんか。

　　よろしければ　　　　案内を　お願いできませんか。

ーたい(ん)ですが　　　　　싶습니다만 (희망표현)
ーたい　　　　　　　　　　（하고）싶다

동사 ます형＋たい(ん)です。　ー하고 싶습니다.

희망표현 たい에는 문법적으로 조사 が를 쓰지만 일반적으로 조사 を을 쓰는 경우도 많다.

　　席を　　替えたい(ん)ですが。

　　お水を　飲みたい(ん)ですが。

　　映画を　見たい(ん)ですが。

어휘			
説明(せつめい)	설명	案内(あんない)	안내
お水(みず)	물	飲(の)む	마시다
映画(えいが)	영화	見(み)る	보다

제4과　**非常口座席でございます。**

お+ 동사 ます형+いたします/ ご+명사+いたします/	(제가) -하겠습니다

いたしますは します의 겸양어로 '합니다' '하겠습니다'의 의미이다.

お荷物を お持ちいたします。　　ゲートの前で お待ちいたします。

後ほど ご案内いたします。　　後で ご説明いたします。

접두어	미화어・존경어

■ 미화어

말하는 사람이 품위 있게, 격식 있게 표현하고자 할 때 사용한다.
단어에 「お」를 붙여 사용한다.

お水 물　　　　お金 돈　　　　お魚 생선

お肉 고기　　　お天気 날씨　　お茶 차

お手洗い 화장실

어휘

持(も)つ	가지다, 들다	ゲート	게이트
待(ま)つ	기다리다	後(あと)で	나중에
後(のち)ほど	후에		

◪ 존경어

상대방의 것을 높여 말하고자 할 때 단어에 「お」또는 「ご」를 붙여 사용한다.

단어에 「お」를 붙이는 것

| お名前 이름 | お客さま 손님 | お荷物 짐 |
| お座席 좌석 | お飲み物 음료 | お食事 식사 |

단어에 「ご」를 붙이는 것

| ご案内 안내 | ご搭乗券 탑승권 | ご家族 가족 |
| ご住所 주소 | ご注文 주문 | ご使用 사용 |

◪ 단어에 「お」 또는 「ご」를 붙이지 않으면 의미를 모르거나 달라지는 것

　　おかわり 리필　　　おやつ 간식　　　おかず 반찬

단어쓰기

1 다음 한자를 히라가나로 쓰세요.

① 満席　　➡ _____

② 失礼　　➡ _____

③ 家族　　➡ _____

④ 案内　　➡ _____

⑤ 本日　　➡ _____

⑥ 援助　　➡ _____

2 다음 단어를 일본어로 쓰세요.

① 비상구　　➡ _____

② 지시　　➡ _____

③ 아기　　➡ _____

④ 이륙　　➡ _____

⑤ 바꾸다　　➡ _____

⑥ 설치하다　　➡ _____

⑦ 침대　　➡ _____

⑧ 자리변경　　➡ _____

연습하기

1 예와 같이 바꿔 보세요.

> 예
> よろしい(괜찮다) → よろしければ(괜찮다면)

① 美味しい (맛있다) ➡ _____ (맛있다면)

② 面白い (재미있다) ➡ _____ (재미있다면)

③ 楽しい (즐겁다) ➡ _____ (즐겁다면)

④ 寒い (춥다) ➡ _____ (춥다면)

2 예와 같이 바꿔 보세요.

> 예
> 乗務員の援助を 願います。 (願う)
> 乗務員の援助を お願いいたします。

① 赤ちゃん用のベットを 付けます。 (付ける)

_____。

어휘			
美味(おい)しい	맛있다	面白(おもしろ)い	재미있다
楽(たの)しい	즐겁다	寒(さむ)い	춥다
願(ねが)う	부탁하다		

第4課　**非常口座席でございます。**

② お荷物を 持ちます。(持つ)

　　_____。

③ 乗務員を 呼びます。(呼ぶ)

　　_____。

④ 席を 替えます。(替える)

　　_____。

3 예와 같이 바꿔 보세요.

> 예
> ご案内
>
> ご案内いたします。

① ご説明

　　_____。

② ご連絡

　　_____。

③ お詫び

　　_____。

④ お願い

　　_____。

어휘			
付(つ)ける	설치하다	呼(よ)ぶ	부르다
ご説明(せつめい)	설명	ご連絡(れんらく)	연락
お詫(わ)び	사죄		

말하고 써보기

 일본어로 말하고 써보세요.

① 이쪽은 비상구 좌석입니다.

　➡ _____

② 유아용 침대는 이륙 후 설치해 드리겠습니다.

　➡ _____

③ 비상시에는 승무원의 지시하에 도움을 부탁드립니다.

　➡ _____

④ 오래 기다리셨습니다.

　➡ _____

⑤ 괜찮으시다면, 자리변경을 부탁할 수 없을까요?

　➡ _____

기내 서비스

5과

新聞は いかがですか。

신문 보시겠습니까?

お客 　何か 読み物は ありませんか。

乗務員 　新聞は いかがですか。

お客 　日本の新聞、お願いします。

乗務員 　毎日新聞と朝日新聞が ございますが、、。

お客 　じゃ、朝日新聞を ください。

乗務員 　はい、すぐ お持ちいたします。

어휘			
	読(よ)み物(もの)	읽을거리	新聞(しんぶん)	신문
	日本(にほん)	일본		
	毎日(まいにち)新聞(しんぶん)		마이니치 신문	
	朝日(あさひ) 新聞(しんぶん)		아사히 신문	

お_{きゃく}客　すみません。ちょっと　寒_{さむ}いんですが。

　　　毛布_{もうふ}をください。

乗務員_{じょうむいん}　はい、かしこまりました。少々_{しょうしょう}　お待_まちください。

お_{きゃく}客　お手洗_{てあら}いは　どこに　ありますか。

乗務員_{じょうむいん}　お手洗_{てあら}いは　こちらに　ございます。

　　　まもなく　離陸_{りりく}いたしますので　お急_{いそ}ぎくださいませ。

어휘			
ちょっと	좀	寒(さむ)い	춥다
毛布(もうふ)	담요	少々(しょうしょう)	잠시
お手洗(てあら)い	화장실	まもなく	이제 곧, 잠시 후
離陸(りりく)	이륙	ーので	ー때문에
お急(いそ)ぎください	서둘러주세요 (急(いそ)ぐ 서두르다)		

第5과　**新聞は いかがですか。**

お客 すみません。 ちょっと

イヤホンが よく聞こえないんですが。

乗務員 はい、ちょっと 失礼いたします。

すぐ お調べいたします

乗務員 もうしわけございません。

イヤホンが 故障でございます。

ほかの物と お替えいたします。

少々 お待ちください。

システムを リセットいたします。

어휘			
イヤホン	이어폰	よく	잘
聞(き)こえる	들리다	ーない	ー않다
お調(しら)べいたします	알아 보겠습니다 (調(しら)べる 알아보다)		
故障(こしょう)	고장	ほかの物(もの)	다른 것
お替(か)えいたします	바꿔 드리겠습니다 (替(か)える : 바꾸다)		
システム	시스템	リセット	reset

문형익히기

명사 を ＋ ください   명사 을/를 주세요

新聞を ください。　　　　　お飲み物をください。

お茶を ください。　　　　　お水を ください。

명사 は ＋ いかがですか   명사 -은(는) 어떻습니까?

いかが(어떻게/어떠한)＋ですか(입니까?)가 합쳐져서 いかがですか(어떻습니까? 어떠세요?)가 된 표현이다. 상대의 의향을 물을 때 사용한다.

新聞は いかがですか。　　　　お茶は いかがですか。

お食事は いかがですか。　　　お飲み物は いかがですか。

동사(부정형)＋ない   -않다. -수 없다 (부록 p.189 참조)

イヤホンが よく 聞こえないんですが。

映画が よく 見えないんですが。

日本語が よく できないんですが。

夜、 よく 眠れないんですが。

어휘			
お飲(の)み物(もの)	마실 것	お水(みず)	물
お食事(しょくじ)	식사	映画(えいが)	영화
見(み)える	보이다	日本語(にほんご)	일본어
できる	할 수 있다	夜(よる)	밤
眠(ねむ)れる	잘 수 있다		

제5과 **新聞は いかがですか**。

단어쓰기

1 다음 한자를 히라가나로 쓰세요.

① 離陸 ➡ _____

② 読み物 ➡ _____

③ 毎日 ➡ _____

④ 少々 ➡ _____

⑤ 故障 ➡ _____

⑥ お手洗い ➡ _____

2 다음 단어를 일본어로 쓰세요.

① 신문 ➡ _____

② 일본 ➡ _____

③ 알아보다 ➡ _____

④ 이제 곧 ➡ _____

⑤ 춥다 ➡ _____

⑥ 담요 ➡ _____

⑦ 서두르다 ➡ _____

⑧ 이어폰 ➡ _____

연습하기

1 예와 같이 바꿔 보세요.

예

A：朝日新聞と毎日新聞が　ございますが。　　（朝日新聞）

B：じゃ、朝日新聞を　ください。

① A：紅茶とコーヒーが　ございますが。　　　　（コーヒー）

　 B：＿＿＿＿＿＿＿＿＿＿＿＿＿＿＿＿＿＿＿＿＿＿。

② A：ビールとワインが　ございますが。　　　　（ワイン）

　 B：＿＿＿＿＿＿＿＿＿＿＿＿＿＿＿＿＿＿＿＿＿＿。

③ A：オレンジジュースとコーラが　ございますが。　（コーラ）

　 B：＿＿＿＿＿＿＿＿＿＿＿＿＿＿＿＿＿＿＿＿＿＿。

④ A：日本語の新聞と英語の新聞が　ございますが。　（日本語）

　 B：＿＿＿＿＿＿＿＿＿＿＿＿＿＿＿＿＿＿＿＿＿＿。

어휘			
コーヒー	커피	紅茶(こうちゃ)	홍차
ワイン	와인	ビール	맥주
オレンジジュース	오렌지주스	コーラ	콜라
日本語(にほんご)	일본어	英語(えいご)	영어

제5과　**新聞は　いかがですか。** 61

2 예와 같이 바꿔 보세요.

 예
A：お手洗いは　どこに　ありますか。　（こちら）
B：お手洗いは　こちらに　ございます。

① A：非常口は　どこに　ありますか。　（あちら）

　 B：_____。

② A：パンフレットは　どこに　ありますか。（シートポケット）

　 B：_____。

③ A：酸素マスクは　どこに　ありますか。（上の棚）

　 B：_____。

④ A：救命胴衣（ライフジャケット）は　どこに　ありますか。（お座席の下）

　 B：_____。

어휘			
シートポケット	좌석포켓	酸素(さんそ)マスク	산소 마스크
上(うえ)の棚(たな)	윗 선반		
救命胴衣(きゅうめいどうい)(ライフジャケット) 구명조끼			

말하고 써보기

 일본어로 말하고 써보세요.

① 신문 보시겠습니까?

➡ _____

② 곧 가져다 드리겠습니다.

➡ _____

③ 이제 곧 이륙하오니 서둘러 주십시오.

➡ _____

④ 이어폰이 고장입니다.

➡ _____

⑤ 다른 것과 바꿔 드리겠습니다.

➡ _____

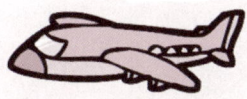

이륙 준비 (1)

6과

シートベルトを お締めください。

좌석벨트를 매어주세요.

乗務員（じょうむいん）　お客（きゃく）さま、まもなく　離陸（りりく）いたしますので、

お席（せき）に　おつきください。

おそれいりますが、シートベルトを　お締（し）めください。

また　テーブルを　元（もと）の位置（いち）に　お戻（もど）しください。

어휘			
まもなく	이제 곧	離陸(りりく)	이륙
おつきください	앉아주세요 (つく：앉다)		
シートベルト	좌석벨트	テーブル	테이블
お締(し)めください	매어주세요 (締(し)める：매다)		
また	또, 다시	元(もと)の位置(いち)	원래 위치
お戻(もど)しください	돌려놔주세요 (戻(もど)す：돌려놓다)		

乗務員（しょうむいん） お客（きゃく）さま、おそれいりますが

まもなく　離陸（りりく）いたしますので　リクライニングを

お戻（もど）しくださいませ。

お客（きゃく）さま、おそれいりますが

窓（まど）のブラインドを　お開（あ）けくださいませ。

ご協力（きょうりょく）、ありがとうございます。

어휘		
リクライニング	등받이	窓(まど)　창
ブラインド	블라인드	
お開(あ)けください	열어주세요 (開(あ)ける : 열다)	
ご協力(きょうりょく)	협력	

제6과　シートベルトを　お締めください。　67

乗務員 皆様　まもなく　離陸いたします。

シートベルトを　もう一度　お確かめください。

また、リクライニング、テーブルを　元の位置に

お戻しください。

小さな　お子様を　お連れのお客様は

お子様を　しっかり　お抱きください。

赤ちゃんは　シートベルトの上から

お抱きください。

어휘			
皆様(みなさま)	여러분	もう一度(いちど)	한번 더
お確(たし)かめください	확인해주세요 (確(たし)かめる：확인하다)		
小(ちい)さな	작은	お子様(こさま)	아이
お連(つ)れ	동반	しっかり	단단히, 꽉
お抱(だ)きください	안아주세요 (抱(だ)く：안다)		
赤(あか)ちゃん	아기, 유아		

문형익히기

お + ます형 + くださいませ　　－해 주십시오

お + ます형 + ください를 더 정중하게 표현한 것이다.

お戻しくださいませ。　　お締めくださいませ。

お開けくださいませ。　　お確かめくださいませ。

もう 一度　　－(다시) 한번 더

もう一度　お確かめください。　　もう一度　ご覧ください。

もう一度　お書きください。　　もう一度　お話しください。

—ので　　(이유)—때문에, —므로, —니까

정중한 표현 －です또는 －ます 뒤에 바로 붙여 이유를 표현한다.

離陸いたしますので、リクライニングを お戻しくださいませ。

着陸いたしますので、お席に おつきくださいませ。

パンフレットが ございますので、どうぞ ごらんください。

お持ちいたしますので、少々 お待ちください。

お書(か)きください	써주세요 (書(か)く：쓰다)	
お話(はな)しください	말씀해주세요 (話(はな)す：말하다)	
ごらんください	봐 주십시오	着陸(ちゃくりく)　　착륙
パンフレット	팸플릿	

제6과　シートベルトを お締めください。

단어쓰기

1 다음 한자를 히라가나로 쓰세요.

① 窓　　➡ _____

② 協力　➡ _____

③ 一度　➡ _____

④ お子様　➡ _____

⑤ 位置　➡ _____

⑥ 離陸　➡ _____

2 다음 단어를 일본어로 쓰세요.

① 좌석벨트　➡ _____

② 블라인드　➡ _____

③ 등받이　➡ _____

④ 단단히, 꽉　➡ _____

⑤ 매다　➡ _____

⑥ 확인하다　➡ _____

⑦ 아기, 유아　➡ _____

⑧ 동반　➡ _____

연습하기

1 예와 같이 바꿔 보세요.

 예
> ブラインド・開けます　　（開ける）
>
> ブラインドを　お開けくださいませ。

① シートベルトを・締めます（締める）

　_____。

② リクライニングを・戻します（戻す）

　_____。

③ お名前を・書きます（書く）

　_____。

④ 少々・待ちます。（待つ）

　_____。

제6과　シートベルトを お締めください。

❷ 예와 같이 바꿔 보세요.

 예
> 離陸いたします・お席に おつきください
> 離陸いたしますので お席に おつきください。

① 熱いです・ご注意ください

　_____。

② お持ちいたします・少々 お待ちください

　_____。

③ パンフレットがございます・どうぞ ごらんください

　_____。

④ 着陸いたします・お席に おつきください

　_____。

어휘			
お名前(なまえ)	이름	熱(あつ)い	뜨겁다
ご注意(ちゅうい)	주의		

말하고 써보기

 일본어로 말하고 써보세요.

① 죄송합니다만, 좌석벨트를 매어주세요.

   ➡ _____

② 창문의 블라인드를 열어주세요.

   ➡ _____

③ 등받이, 테이블을 원래 위치로 되돌려주세요

   ➡ _____

④ 좌석벨트를 다시 한번 확인해주세요.

   ➡ _____

⑤ 어린 아이를 동반하신 승객께서는 아이를 꽉 안아주세요.

   ➡ _____

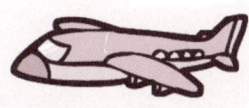

이륙 준비 (2)

7과

携帯電話のご使用は
禁じられております。
휴대전화 사용은 금지되어 있습니다.

회화 1

乗務員(じょうむいん) 失礼(しつれい)いたします。おそれいりますが、

携帯電話(けいたいでんわ)のご使用(しよう)は 禁(きん)じられております。

おそれいりますが、スイッチを お切(き)りくださいませ。

ご協力(きょうりょく)、お願(ねが)いします。

어휘		
携帯電話(けいたいでんわ)	휴대전화	
ご使用(しよう)	사용	スイッチ 스위치
禁(きん)じられております	금지되어 있습니다 (禁(きん)じる : 금지하다)	
お切(き)りください	꺼주세요 (切(き)る : 끄다)	
ご協力(きょうりょく)	협력, 협조	

 회화 2

乗務員(じょうむいん)　まもなく　離陸(りりく)いたします。

　　　　　携帯電話(けいたいでんわ)は　電源(でんげん)を　お切(き)りください。

　　　　　電子機器(でんしきき)は　離陸(りりく)のあと、お使(つか)いくださいませ。

　　　　　なお、しばらくの間(あいだ)、トイレのご使用(しよう)は

　　　　　ご遠慮(えんりょ)ください。

　　　　　ご協力(きょうりょく)、お願いします。

어휘			
離陸(りりく)	이륙	電源(でんげん)	전원
電子機器(でんしきき)	전자기기		
お使(つか)いください	사용해주세요　(使(つか)う : 사용하다)		
しばらくの間(あいだ)	잠시 동안	トイレ	화장실
ご遠慮(えんりょ)	삼가		

乗務員（じょうむいん） 皆様（みなさま）に ご案内（あんない）いたします。

成田空港（なりたくうこう）までの飛行時間（ひこうじかん）は 2時間（にじかん）20分（にじゅっぷん）を 予定（よてい）して おります。

ビデオでも ご案内（あんない）いたしましたとおり、通路（つうろ）、トイレを含（ふく）め 全席（ぜんせき） 禁煙（きんえん）でございます。

ご用（よう）の際（さい）は お気軽（きがる）に 乗務員（じょうむいん）に お声（こえ）をおかけ ください。

語彙			
成田空港(なりたくうこう)	나리타공항	飛行時間(ひこうじかん)	비행시간
2時間(にじかん)20分(にじゅっぷん)	2시간 20분		
予定(よてい)	예정	ビデオ	비디오
ーとおり	(그)대로	通路(つうろ)	통로
トイレ	화장실	含(ふく)める	포함하다
全席(ぜんせき)	전 좌석	禁煙(きんえん)	금연
お気軽(きがる)に	편히	ご用(よう)の際(さい)	용무가 있을 때
お声(こえ)をおかけください	불러주세요	声(こえ)をかける : 말을 걸다	

문형익히기

－は 禁じられております
－ 은(는) 금지되어 있습니다.

－ております는 동사의 て형에 겸양동사인 おる(있다)를 붙여, 현재 진행 중임을 표현하거나 또는 그러한 상태가 지속됨을 나타낸다.

携帯電話のご使用は　禁じられております。
レストランでの喫煙は　禁じられております。
電子機器のご使用は　禁じられております。

おそれいりますが、お＋ます形＋くださいませ
송구합니다만, －해 주십시오

お＋ます＋ください 를 더 정중하게 표현한 것이다.

おそれいりますが、スイッチを　お切りくださいませ。
おそれいりますが、ブラインドを　お開けくださいませ。
おそれいりますが、お席に　おつきくださいませ。

ご遠慮ください
－ 삼가해 주세요

トイレのご使用は　ご遠慮ください。
電子機器のご使用は　ご遠慮ください
機内でのおたばこは　ご遠慮ください。

어휘			
レストラン	レストラン	喫煙(きつえん)	흡연
機内(きない)	기내	たばこ	담배

단어쓰기

1 다음 한자를 히라가나로 쓰세요.

① 予定 ➡ _____

② 使用 ➡ _____

③ 遠慮 ➡ _____

④ 機内 ➡ _____

⑤ 飛行時間 ➡ _____

⑥ 電子機器 ➡ _____

2 다음 단어를 일본어로 쓰세요.

① 통로 ➡ _____

② 휴대전화 ➡ _____

③ 금연 ➡ _____

④ 공항 ➡ _____

⑤ 전 좌석 ➡ _____

⑥ 비디오 ➡ _____

⑦ 스위치 ➡ _____

⑧ 화장실 ➡ _____

연습하기

1 예와 같이 바꿔 보세요.

예

携帯電話のご使用

携帯電話のご使用は　禁じられております/ご遠慮ください。

① 電子機器のご使用

　_____。

② オーディオシステムのご使用

　_____。

③ 化粧室のご使用

　_____。

④ コンピューターのご使用

　_____。

어휘			
オーディオシステム	오디오 시스템	化粧室(けしょうしつ)	화장실
コンピューター	컴퓨터		

第7과　**携帯電話のご使用は　禁じられております。** 81

2 예와 같이 바꿔 보세요.

예
スイッチを 切ります。　（切る）
おそれいりますが、スイッチを お切りくださいませ。

① 電源を 切ります。(切る)
　_____。

② ブラインドを 開けます。（開ける）
　_____。

③ お荷物を 上の棚に 入れます。(入れる)
　_____。

④ 割れ物は お座席の下に 置きます。(置く)
　_____。

어휘　割(わ)れ物(もの)　　깨지는 물건

말하고 써보기

 일본어로 말하고 써보세요.

① 휴대전화 사용은 금지되어 있습니다.

➡ _____

② 송구합니다만, 스위치를 꺼주세요.

➡ _____

③ 전자기기는 이륙 후 사용해주세요.

➡ _____

④ 휴대전화는 전원을 꺼주세요.

➡ _____

⑤ 용무가 있으실 때는 편하게 승무원에게 말씀해주세요.

➡ _____

음료 서비스

8과

お飲み物は 何に なさいますか。

음료는 무엇으로 하시겠습니까?

乗務員（じょうむいん） おしぼりでございます。どうぞ。

お飲（の）み物（もの）は　いかがですか。

お客（きゃく） 何（なに）か　冷（つめ）たいものが　ありますか。

乗務員（じょうむいん） ジュース、ソフトドリンク、ビールなどが　ございます。

お客（きゃく） じゃ、冷（つめ）たいビールを　ください。

乗務員（じょうむいん） はい、かしこまりました。

어휘			
おしぼり	물수건	お飲(の)み物(もの)	음료수
冷(つめ)たい	차갑다	ジュース	주스
ソフトドリンク	소프트 드링크	ビール	맥주
－など	기타 (등등)		

乗務員	お飲み物は　いかがですか。
	お茶とコーヒーが　ございます。
お客	コーヒーを　ください。
乗務員	はい、かしこまりました。　カップを　お願いします。
	熱いですので、ご注意くださいませ。
	お砂糖とクリームは　いかがですか。
お客	結構です。

乗務員	コーヒーのおかわりは　いかがですか。
お客	はい、お願いします。

お茶(ちゃ)	차	コーヒー	커피
カップ	컵	熱(あつ)い	뜨겁다
ご注意(ちゅうい)	주의	砂糖(さとう)	설탕
クリーム	크림	いかがですか	어떻습니까
結構(けっこう)です	괜찮습니다	おかわり	리필

第8과　**お飲み物は　何に　なさいますか。**

乗務員　お食事前の　お飲み物は　何に なさいますか。

　　　　ビール、ジュースなどが　ございますが。

お客　　ワインは　ありませんか。

乗務員　はい、赤と白が　ございますが…。

お客　　赤を　お願いします。

乗務員　はい、かしこまりました。

어휘			
お食事(しょくじ)	식사	前(まえ)	전
—に なさいますか	—으로 하시겠습니까	ワイン	와인
赤(あか)	레드	白(しろ)	화이트

문형익히기

명사は 何に なさいますか — 은/는 무엇으로 하시겠습니까?

お飲(の)み物(もの)は 何(なに)に なさいますか。

お食事(しょくじ)は 何(なに)に なさいますか。

ご注文(ちゅうもん)は 何(なに)に なさいますか。

ワインは 何(なに)に なさいますか。

—ので、—ご注意(ちゅうい)くださいませ — (이)니 — 주의해 주십시오

ので는 정중한 표현 —です、—ます 뒤에 붙여 이유를 표현한다.

熱(あつ)いですので、　　　ご注意(ちゅうい)くださいませ。

危(あぶ)ないですので、　　ご注意(ちゅうい)くださいませ。

危険(きけん)ですので、　　ご注意(ちゅうい)くださいませ。

暗(くら)いですので足元(あしもと)に ご注意(ちゅうい)くださいませ。

ご注文(ちゅうもん)	주문	危(あぶ)ない	위험하다
危険(きけん)	위험	暗(くら)い	어둡다
足元(あしもと)	발 밑		

단어쓰기

1 다음 한자를 히라가나로 쓰세요.

① お食事 ➡ _____

② お飲み物 ➡ _____

③ お茶 ➡ _____

④ 砂糖 ➡ _____

⑤ 赤 ➡ _____

⑥ 注意 ➡ _____

2 다음 단어를 일본어로 쓰세요.

① 물수건 ➡ _____

② 리필 ➡ _____

③ 차갑다 ➡ _____

④ 뜨겁다 ➡ _____

⑤ 커피 ➡ _____

⑥ 와인 ➡ _____

⑦ 주스 ➡ _____

⑧ 맥주 ➡ _____

연습하기

1 예와 같이 바꿔 보세요.

> 예
> お飲み物
> お飲み物は 何に なさいますか。

① お食事

　_____。

② ご注文

　_____。

③ ワイン

　_____。

④ 機内食

　_____。

| 어휘 | 機内食(きないしょく)　　기내식 |

2 예와 같이 바꿔 보세요.

 예
熱いです・ご注意

熱いですので、ご注意くださいませ。

① 便利です・ご使用

_____。

② 時間が ないです・お急ぎ

_____。

③ ご案内いたします・ご連絡

_____。

④ 危ないです・ご注意

_____。

어휘			
便利(べんり)	편리	時間(じかん)が ない	시간이 없다
ご使用(しよう)	사용	お急(いそ)ぎ	서두름
ご案内(あんない)	안내	ご連絡(れんらく)	연락

말하고 써보기

 일본어로 말하고 써보세요.

① 음료 드시겠습니까?

　➡ _____

② 뜨거우니 주의해주세요.

　➡ _____

③ 커피 더 드시겠습니까?

　➡ _____

④ 식사 전 음료는 무엇으로 하시겠습니까?

　➡ _____

⑤ 와인은 레드와 화이트가 있습니다만, 어느 쪽으로 하시겠습니까?

　➡ _____

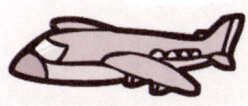

식사 서비스 (1)

9과

お食事は 何に なさいますか。
식사는 무엇으로 하시겠습니까?

乗務員（じょうむいん） お客さま、お食事でございます。

お食事は　ビーフとお魚が　ございます。

どちらに　なさいますか。

お客（きゃく） ビーフを　ください。

乗務員 はい、かしこまりました。　ごゆっくり　どうぞ。

어휘						
	お食事(しょくじ)	식사	ビーフ	비프
	お魚(さかな)	생선	どちら	어느 쪽
	ごゆっくり	천천히		

乗務員　お客さま、お食事でございます。

　　　　お食事は　ビビンバと和食が　ございます。

　　　　どちらに　なさいますか。

お客　　ビビンバを　ください。

乗務員　はい、かしこまりました。

　　　　どうぞ、わかめスープでございます。

　　　　熱いですので、ご注意くださいませ。

어휘			
ビビンバ	비빔밥	和食(わしょく)	일본식 식사
わかめスープ	미역국	熱(あつ)い	뜨겁다

乗務員　お客さま、お食事は　何に　なさいますか。

お客　　ビビンバは　ありますか。

乗務員　もうしわけございません。

　　　　ビビンバと和食が　ございましたが、

　　　　ビビンパは　全部　出てしまいました。

　　　　和食は　いかがですか。

お客　　和食でいいですよ。

乗務員　ごゆっくり、どうぞ。

어휘		
全部(ぜんぶ)	전부	
出(で)てしまいました	나가버렸습니다 (出(で)る : 나가다)	

문형익히기

명사 は どちらに なさいますか　— 은/는 어느 쪽으로 하시겠습니까?

パンとライスが　ございます。　　　　　どちらに　なさいますか。

ビールとワインが　ございます。　　　　どちらに　なさいますか。

お食事は　ビビンバと和食が　ございます。どちらに　なさいますか。

野菜スープとわかめスープが　ございます。どちらに　なさいますか。

ーてしまいました　— 해 버렸습니다

동사의 て형에 しまう(버리다) 가 연결된 표현이다.
의도했던 것과 달리 좋지 않은 결과를 초래하게 된 것에 대한 미안함과 후회하는 뉘앙스가 내포되어 있다.

コーラーは　全部　出てしまいました。

チキンは　全部　出てしまいました。

毛布は　全部　出てしまいました。

赤ワインは　全部　出てしまいました。

어휘			
パン	빵	ライス	라이스
ビール	맥주	ワイン	와인
野菜(やさい)スープ	야채 스프	コーラー	콜라
チキン	치킨	毛布(もうふ)	담요

단어쓰기

1 다음 한자를 히라가나로 쓰세요.

① お食事　➡ _____

② 全部　　➡ _____

③ ご注意　➡ _____

④ 和食　　➡ _____

⑤ 魚　　　➡ _____

⑥ 熱い　　➡ _____

2 다음 단어를 일본어로 쓰세요.

① 비빔밥　➡ _____

② 야채　　➡ _____

③ 천천히　➡ _____

④ 치킨　　➡ _____

⑤ 미역국　➡ _____

⑥ 나가다　➡ _____

⑦ 비프　　➡ _____

⑧ 담요　　➡ _____

연습하기

1 예와 같이 바꿔 보세요.

A： お食事は　ビーフとお魚が　ございます。
　　どちらに　なさいますか。（ビーフ）
B： ビーフを　ください。

① A： ビビンバと和食が　ございます。どちらに　なさいますか。（ビビンバ）
　B： _____。

② A： パンとライスが　ございます。どちらに　なさいますか。　　（パン）
　B： _____。

③ A： ビールとワインが　ございます。どちらに　なさいますか。　（ワイン）
　B： _____。

④ A： 野菜スープとオニオンスープが　ございます。
　　　どちらに　なさいますか。　　　　　　　　　　　　　　（野菜スープ）
　B： _____。

| 어휘 | パン | 빵 | ライス | 밥 |
| | オニオンスープ | 양파 스프 | | |

2 예와 같이 바꿔 보세요.

> 예
>
> A : ビビンバは　ありますか。（全部(ぜんぶ)　出(で)る）
>
> B : ビビンバは　全部(ぜんぶ)　出(で)てしまいました。

① A : 毛布(もうふ)は　ありますか。(全部(ぜんぶ)　出(で)る)

　　B : _____ 。

② A : お魚(さかな)は　ありますか。(全部(ぜんぶ)　出(で)る)

　　B : _____ 。

③ A : ビールは　ありますか。(全部(ぜんぶ)　出(で)る)

　　B : _____ 。

④ A : 赤(あか)ワインは　ありますか。(全部(ぜんぶ)　出(で)る)

　　B : _____ 。

| 赤(あか)ワイン | 레드와인 |

말하고 써보기

 일본어로 말하고 써보세요.

① 식사는 무엇으로 하시겠습니까?

➡ _____

② 식사는 비프와 생선이 있습니다. 어느 쪽으로 하시겠습니까?

➡ _____

③ 비빔밥은 전부 나가버렸습니다.

➡ _____

④ 미역국이 뜨거우니 주의해주세요.

➡ _____

⑤ 천천히 드십시오

➡ _____

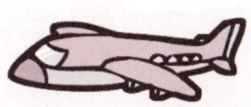

식사 서비스 (2)

10과

お食事は お済みでしょうか。
식사는 마치셨습니까?

 회화 1

乗務員　お食事でございます。

お客　　今は　いいです。

乗務員　お客様、後で　お持ちいたしましょうか。

お客　　ええ、お願いします。

乗務員　お飲み物でも　お持ちいたしましょうか。

お客　　いいえ、結構です。何も　要りません。

어휘			
いいです	좋습니다, 괜찮습니다		
後(あと)で	나중에	結構(けっこう)です	괜찮습니다
何(なに)も	아무것도	ーでも	ー라도
要(い)りません	필요 없습니다 (要(い)る : 필요하다)		

乗務員	お客さま、お食事は お済みでしょうか。
お客	ええ、ごちそうさまでした。
乗務員	お下げいたします。 ほかに、ご必要なものは ございませんか。
お客	結構です。

어휘		
	お済(す)みでしょうか	마치셨습니까? (済(す)む : 마치다)
	ごちそうさまでした	잘 먹었습니다
	お下(さ)げいたします	치우겠습니다 (下(さ)げる : 치우다)
	必要(ひつよう)	필요 －もの －것

乗務員　お食事は　お済みでしょうか。

お客　　いいえ、まだです。

乗務員　失礼しました。ごゆっくり　どうぞ。

お客　　コーヒーを　ください。

乗務員　コーヒーは　ほかの乗務員が　サービスいたします。

어휘			
まだ	아직	ごゆっくり	천천히
サービス	서비스		

문형익히기

お + ます형 + いたしましょうか — 해 드릴까요?

お+ます형+しましょうか 보다 조금 더 정중한 표현이다.
두 표현 모두 자신을 낮추어 말하는 겸손한 표현이다.

　　後で　　　お持ちいたしましょうか。
　　コートを　お預かりいたしましょうか。
　　ライトを　お付けいたしましょうか。

お + ます형 + でしょうか — 하십니까?

　　出国カードは　　お持ちでしょうか。
　　何か　　　　　　お探しでしょうか。
　　明日　　　　　　お出かけでしょうか。

お + ます형 + お済みでしょうか — 마치셨습니까?

　　お食事は　　　　　　　お済みでしょうか。
　　お仕事は　　　　　　　お済みでしょうか。
　　免税品の申し込みは　　お済みでしょうか。

어휘			
コート	코트	預(あず)かる	맡다
ライト	라이트	付(つ)ける	켜다, 붙이다
探(さが)す	찾다	明日(あした)	내일
出(で)かける	나가다	お仕事(しごと)	일
免税品(めんぜいひん)	면세점	申(もう)し込(こ)み	신청

第10과　**お食事は　お済みでしょうか。**

단어쓰기

1 다음 한자를 히라가나로 쓰세요.

① 失礼 ➡ _____

② 今 ➡ _____

③ 後 ➡ _____

④ 必要 ➡ _____

⑤ 結構 ➡ _____

⑥ お仕事 ➡ _____

2 다음 단어를 일본어로 쓰세요.

① 아직 ➡ _____

② 마치다 ➡ _____

③ 치우다 ➡ _____

④ 찾다 ➡ _____

⑤ 코트 ➡ _____

⑥ 맡다 ➡ _____

⑦ 서비스 ➡ _____

⑧ 신청 ➡ _____

연습하기

1 예와 같이 바꿔 보세요.

예
お飲み物でも・持ちます（持つ）

お飲み物でも お持ちいたしましょうか。

① 後で・持ちます（持つ）

　_____。

② お荷物を・預かります（預かる）

　_____。

③ ご注文を・手伝います（手伝う）

　_____。

④ 温かい お水を・持ちます（持つ）

　_____。

後(あと)で	나중에	ご注文(ちゅうもん)	주문
手伝(てつだ)う	돕다	温(あたた)かい	따뜻하다
お水(みず)	물		

제10과 **お食事は お済みでしょうか**。

2 예와 같이 바꿔 보세요.

 예

お食事・済みます（済む）

お食事は　お済みでしょうか。

① 入国カード・持ちます（持つ）

　_____。

② 何か・探します（探す）

　_____。

③ 税関申告書・書きます（書く）

　_____。

④ ご注文・決まります（決まる）

　_____。

어휘			
入国(にゅうこく)カード	입국카드	探(さが)す	찾다
税関申告書(ぜいかんしんこくしょ)		세관신고서	
書(か)く	쓰다	決(き)まる	결정되다

말하고 써보기

 일본어로 말하고 써보세요.

① 나중에 (식사를) 가져다 드릴까요?

　➡ _____

② 식사는 마치셨습니까?

　➡ _____

③ 치워 드리겠습니다.

　➡ _____

④ 다른 필요한 것은 없으십니까?

　➡ _____

⑤ 커피는 다른 승무원이 서비스해 드리겠습니다.

　➡ _____

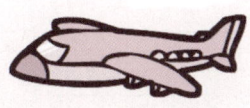

면세품 판매 서비스

11과

免税品の ご注文は
ございませんか。

면세품 주문은 없으십니까?

乗務員 この飛行機では 免税品の販売を いたしております。

商品のご案内は シートポケットのパンフレットを

ごらんください。ご希望のお客様は、お早めに

乗務員に お申しつけください。

乗務員 只今より 免税品の販売を いたします。

近くの客室乗務員に お声を おかけください。

어휘			
免税品(めんぜいひん)	면세품	販売(はんばい)	판매
商品(しょうひん)	상품	シートポケット	좌석 주머니
パンフレット	팸플릿	ご希望(きぼう)	희망
お早(はや)めに	미리	申(もう)しつける	분부하다
只今(ただいま)より	지금부터	近(ちか)く	근처
声(こえ)をかける	말을 걸다		

乗務員　予約注文の商品でございます。

　　　　お客さま、現金でございますか。

お客　　カードで　お願いします。

乗務員　はい、かしこまりました。少々　お待ちください。

　　　　こちらに　お名前とサインを　お願いいたします。

　　　　レシートでございます。ありがとうございます。

어휘					
	予約注文(よやくちゅうもん)	예약주문			
	現金(げんきん)	현금	カード	카드	
	お名前(なまえ)	이름	サイン	사인	
	レシート	영수증			

乗務員 機内販売でございます。

免税品のご注文は ございませんか。

お客 どんなものが ありますか。

乗務員 洋酒、化粧品、香水などが ございます。

くわしくは 案内書を ごらんください。

お客 すみません。一品焼酎を 一本 ください。

乗務員 はい、かしこまりました。45,000ウォンでございます。

50,000ウォンを お預かりいたします。

5,000のお返しでございます。

お確かめくださいませ。

어휘			
機内販売(きないはんばい)	기내판매	注文(ちゅうもん)	주문
洋酒(ようしゅ)	양주	化粧品(けしょうひん)	화장품
香水(こうすい)	향수	くわしく	상세히
案内書(あんないしょ)	안내서	一品(いっぴん)	일품
焼酎(しょうちゅう)	소주	一本(いっぽん)	한 병
お返(かえ)し	거스름돈		

문형익히기

名詞は ございませんか　　— 은/는 없으십니까?

— は ありませんか (—은/는 없습니까?) 보다 조금 더 정중한 표현이다.

免税品のご注文は　　ございませんか。

申告するものは　　ございませんか。

お忘れ物は　　ございませんか。

名詞 などが ございます　　— (기타) 등이 있습니다

— などが あります 보다 조금 더 정중한 표현이다.

洋酒、化粧品、香水などが　　　　ございます。

お茶、紅茶、コーヒーなどが　　　　ございます。

ジュース、ソフトドリンク、ビールなどが　ございます。

가격 말하기

화폐단위　　ウォン 원(₩)　　円 엔(¥)　　ユーロ 유로(€)

おいくらですか。　　　35ドルです。

어휘
申告(しんこく)するもの　　신고할 것　　紅茶(こうちゃ)　　홍차
お忘(わす)れ物(もの)　　잊으신 물건　　ジュース　　주스
ソフトドリンク　　소프트 드링크

숫자 읽기

	1	10	100	1000	10000
1	いち	じゅう	ひゃく	せん	いちまん
2	に	にじゅう	にひゃく	にせん	にまん
3	さん	さんじゅう	さんびゃく	さんぜん	さんまん
4	し・よん	よんじゅう	よんひゃく	よんせん	よんまん
5	ご	ごじゅう	ごひゃく	ごせん	ごまん
6	ろく	ろくじゅう	ろっぴゃく	ろくせん	ろくまん
7	しち・なな	ななじゅう	ななひゃく	ななせん	ななまん
8	はち	はちじゅう	はっぴゃく	はっせん	はちまん
9	きゅう・く	きゅうじゅう	きゅうひゃく	きゅうせん	きゅうまん

15ドル お預かりいたします   15달러 받았습니다

「お預かりいたします」는 「預かる (맡다)」의 겸양표현인 「お預かりする」의 정중한 표현이다. 백화점, 레스토랑, 은행 등 상용 장소에서 돈을 받을 때 관용적으로 쓰이는 표현이다. 같이 쓰이는 표현으로는 「お返し (거스름돈)」가 있다.

5,000(ごせん)円 お預かりいたします。

3,200(さんぜん にひゃく)円の お返しです。

化粧品は 83,650(はちまん さんぜん ろっぴゃく ごじゅう)ウォンです。

조수사

	いくつ (사물: 一개)	何人 (사람: 一명)	何名 (一명)	何本 (一병)
1	ひとつ	ひとり	いちめい	いっぽん
2	ふたつ	ふたり	にめい	にほん
3	みっつ	さんにん	さんめい	さんぼん
4	よっつ	よにん	よんめい	よんほん
5	いつつ	ごにん	ごめい	ごほん
6	むっつ	ろくにん	ろくめい	ろっぽん
7	ななつ	しちにん・ななにん	ななめい	ななほん
8	やっつ	はちにん	はちめい	はっぽん
9	ここのつ	きゅうにん	きゅうめい	きゅうほん
10	とお	じゅうにん	じゅうめい	じゅっぽん

단어쓰기

1 다음 한자를 히라가나로 쓰세요.

① 予約注文　➡ _____

② 現金　➡ _____

③ 案内書　➡ _____

④ お名前　➡ _____

⑤ 商品　➡ _____

⑥ 希望　➡ _____

2 다음 단어를 일본어로 쓰세요.

① 기내판매　➡ _____

② 좌석 주머니　➡ _____

③ 분부하다　➡ _____

④ 영수증　➡ _____

⑤ 양주　➡ _____

⑥ 화장품　➡ _____

⑦ 향수　➡ _____

⑧ 거스름돈　➡ _____

연습하기

1 예와 같이 바꿔 보세요.

 예
免税品のご注文
免税品のご注文は ございませんか。

① ほかに ご用

　　_____。

② お忘れ物

　　_____。

③ なにか ご用

　　_____。

④ 申告するもの

　　_____。

어휘		
ほかに ご用(よう)	그 밖에 시키실 일 (그 밖의 용무)	
なにか ご用(よう)	무언가 시키실 일 (무슨 용무)	
申告(しんこく)するもの	신고할 것	

제11과 **免税品の ご注文は ございませんか。** 123

② 예와 같이 바꿔 보세요.

> 예
> A: どんな ものが ありますか。（洋酒、化粧品、香水）
> B: 洋酒、化粧品、香水などが ございます。

① A: どんな ものが ありますか。　（お茶、紅茶、コーヒー）

　B: _____。

② A: どんな ものが ありますか。　（日本の新聞、韓国の新聞、雑誌）

　B: _____。

③ A: どんな ものが ありますか。　（ジュース、ソフトドリンク、ビール）

　B: _____。

④ A: どんな ものが ありますか。　（ビーフ、お魚、チキン）

　B: _____。

어휘			
お茶(ちゃ)	차	紅茶(こうちゃ)	홍차
コーヒー	커피		
日本(にほん)の新聞(しんぶん)	일본신문		
韓国(かんこく)の新聞(しんぶん)	한국신문		
雑誌(ざっし)	잡지		

말하고 써보기

 일본어로 말하고 써보세요.

① 지금부터 면세품 판매를 시작하겠습니다.

➡ _____

② 면세품의 주문은 없으십니까?

➡ _____

③ 예약주문의 상품입니다.

➡ _____

④ 손님, 현금이십니까?

➡ _____

⑤ 여기에 이름과 사인을 부탁합니다.

➡ _____

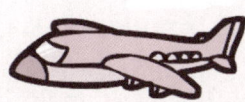

기내 접객 서비스

12과

頭が いたいんです。
머리가 아픕니다.

お客 すみません。すこし 寒いんですが、

毛布をもらえませんか。

乗務員 はい、かしこまりました。 少々 お待ちください。

もうしわけございません。

毛布は 全部 出でしまいました。

機内の温度を 調節いたします。

温かい お飲み物でも お持ちいたしましょうか。

お客 お願いします。

어휘			
寒(さむ)い	춥다	毛布(もうふ)	담요
もらえませんか 받을 수 없나요 (もらう : 받다)			
機内(きない)	기내	温度(おんど)	온도
調節(ちょうせつ)	조절	温(あたた)かい	따뜻하다

お客　頭が　痛いんですが、頭痛薬は　ありますか。

乗務員　はい、少々　お待ちください。すぐ、お持ちいたします。

お待たせいたしました。

お薬でございます。どうぞ　お大事に。

ほかに、ご必要なものが　ございましたら

お呼びください。

어휘			
頭(あたま)	머리	痛(いた)い	아프다
頭痛薬(ずつうやく)	두통약	お薬(くすり)	약
お大事(だいじ)に	소중히 (하세요)		
お呼(よ)びください	불러주세요 (呼(よ)ぶ : 부르다)		

お客   ちょっと 気分が わるいんですが。

乗務員   座席ポケットの中に エチケット袋が ご用意しております。

　　　　　酔い止め薬と 温かいお水でも お持ちいたしましょうか。

お客   ええ、お願いします。

乗務員   はい、少々 お待ちください。すぐ お持ちいたします。

　　　　　お待たせいたしました。お薬とお水でございます。

乗務員   ご気分は いかがですか。

お客   よくなりました。

乗務員   それは よかったです。

어휘			
気分(きぶん)が わるい	기분이 나쁘다(속이 안 좋다)	エチケット袋(ぶくろ)	위생봉투
座席(ざせき)ポケット	좌석 주머니	酔(よ)い止(ど)め薬(ぐすり)	멀미약
用意(ようい)	준비		
よくなる	좋아지다	よかったです	다행입니다

문형익히기

ーんですが、ーをもらえませんか　　－ 입니다만, － 을/를 주시겠습니까?

동사기본형＋んですが

寒(さむ)いんですが、　　　　毛布(もうふ)を　　　　もらえませんか。

頭(あたま)が痛(いた)いんですが、　　頭痛薬(ずつうやく)を　　もらえませんか。

ワインがほしいんですが、ワインリストを　もらえませんか。

명사でも お持(も)ちいたしましょうか　　－ 라도 가져다 드릴까요?

温(あたた)かい お飲(の)み物(もの)でも　　お持(も)ちいたしましょうか。

お冷(ひや)でも　　　　　　　　お持(も)ちいたしましょうか。

お薬(くすり)でも　　　　　　　　お持(も)ちいたしましょうか。

■ 객실 내부

トイレ 화장실	座席(ざせき) 좌석	棚(たな) 선반
厨房(ちゅうぼう)・ギャレー 갤리(주방)	ドア 출입문	非常口(ひじょうぐち) 비상구
酸素(さんそ)マスク 산소 마스크		

어휘
－ほしい　　　　　원하다, 갖고싶다　　ワインリスト　　와인리스트
お冷(ひや)　　　　찬물

제12과　頭が いたいんです。

◼ 몸이 아픈 증상

일반증상	머리가 아프다	頭が痛い
	가슴이 답답하다	胸が苦しい
	열이 나다	熱が出る・熱がある
	속이 메슥거리다	気分が悪い
	현기증이 나다	めまいがする
	오한이 나나	寒気がする
	피가 나다	血が出る
	화상을 입다	やけどをする
소화기 계열	배가 아프다	お腹が痛い
	설사를 하다	下痢をする
호흡기 계열	목이 아프다	のどが痛い
	기침이 나다	咳が出る
	귀가 아프다	耳が痛い
치과 계열	이가 아프다	歯が痛い

단어쓰기

1 다음 한자를 히라가나로 쓰세요.

① 気分 ➡ _____

② 用意 ➡ _____

③ 温度 ➡ _____

④ 調節 ➡ _____

⑤ 頭痛薬 ➡ _____

⑥ 大事 ➡ _____

2 다음 단어를 일본어로 쓰세요.

① 준비 ➡ _____

② 약 ➡ _____

③ 아프다 ➡ _____

④ 따뜻하다 ➡ _____

⑤ 멀미약 ➡ _____

⑥ 좌석 주머니 ➡ _____

⑦ 위생봉투 ➡ _____

⑧ 머리 ➡ _____

연습하기

1 예와 같이 바꿔 보세요.

> 예
>
> 温(あたた)い・毛布(もうふ)
>
> 温(あたた)いんですが、毛布(もうふ)をもらえませんか。

① 気分(きぶん)がわるい・酔(よ)い止(ど)め薬(ぐすり)

　_____。

② 胸(むね)やけがする・胃腸薬(いちょうやく)

　_____。

③ 頭(あたま)が痛(いた)い・頭痛薬(ずつうやく)

　_____。

④ ワインがほしい・ワインリスト

　_____。

어휘			
胸(むね)やけがする	속이 쓰리다	胃腸薬(いちょうやく)	위장약
ワインリスト	와인리스트		

2 예와 같이 바꿔 보세요.

> 예
> 温(あたた)かい・お水(みず)
> 温(あたた)かい お水(みず)でも お持(も)ちいたしましょうか。

① 酔(よ)い止(ど)め薬(ぐすり)

_____。

② 毛布(もうふ)

_____。

③ お冷(ひや)

_____。

④ エチケット袋(ぶくろ)

_____。

3 적절한 표현끼리 연결하세요.

① お腹(なか)が　・　　　　・ Ⓐ 出(で)る

② めまいが　・　　　　・ Ⓑ する

③ 熱(ねつ)が　・　　　　・ Ⓒ 痛(いた)い

④ 気分(きぶん)が　・　　　　・ Ⓓ 悪(わる)い

어휘			
お冷(ひや)	찬물	お腹(なか)	배
出(で)る	나다	めまい	현기증
熱(ねつ)	열		

말하고 써보기

 일본어로 말하고 써보세요.

① 기내 온도를 조절하겠습니다.

➡ _____

② 위생봉투가 준비되어 있습니다.

➡ _____

③ 그 밖에 필요한 것이 있으시다면 불러주세요.

➡ _____

④ 기분은 어떻습니까?

➡ _____

⑤ 멀미약과 따뜻한 물이라도 가져다 드릴까요?

➡ _____

입국서류 준비

13과

入国カードと
税関申告書でございます。
입국카드와 세관신고서입니다.

회화 1

乗務員 只今より 入国書類を お持ちいたします。

お手元に お持ちでない方は 乗務員に

お声を おかけください。

日本のお客さまですか。どちらまで いらっしゃいますか。

お客 ソウルまでです。

乗務員 入国カードと税関申告書でございます。どうぞ

어휘			
只今(ただいま)	지금	―より	부터
入国書類(にゅうこくしょるい)	입국서류		
お手元(てもと)	수중 (손이 미치는 범위, 바로 옆 주변)		
お持(も)ちでない 方(かた)	가지고 있지 않은 분		
声(こえ)をかける	말을 걸다	いらっしゃいます	「오시다, 가시다」의 존경어
入国(にゅうこく)カード	입국카드	税関申告書(ぜいかんしんこくしょ)	세관신고서

회화 2

乗務員（じょうむいん）　税関申告書（ぜいかんしんこくしょ）でございます。

　　　　　ご家族（かぞく）の方（かた）ですか。

　　　　　税関申告書（ぜいかんしんこくしょ）は　ご家族（かぞく）に　一枚（いちまい）でございます。

お客（きゃく）　申告（しんこく）するものは　ないんですが。

乗務員（じょうむいん）　申告（しんこく）するものが　なくても、ご必要（ひつよう）です。

　　　　　お仕事（しごと）とご住所（じゅうしょ）、サインを　お願（ねが）いいたします。

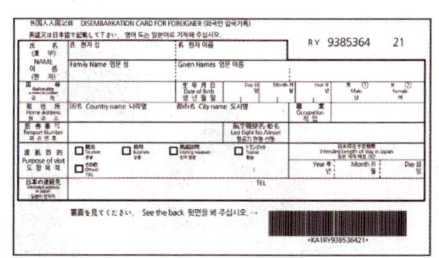

어휘			
家族(かぞく)	가족	一枚(いちまい)	한 장
申告(しんこく)	신고	必要(ひつよう)	필요
お仕事(しごと)	일, 직업	ご住所(じゅうしょ)	주소
サイン	사인		

제13과　入国カードと　税関申告書でございます。　139

乗務員 税関申告書と入国カードでございます。

英語の大文字で お願いいたします。

アメリカのビザを お持ちですか。

どちらまで いらっしゃいますか。

お客 乗り継ぎです。

乗務員 それでは、結構です。

英語(えいご)	영어	大文字(おおもじ)	대문자
アメリカ	미국	ビザ	비자
乗(の)り継(つ)ぎ	환승		

문형익히기

명사 を お持ちではない方 — 을(를) 가지고 있지 않은 분

入国カードを お持ちでない方は 乗務員に お声をおかけください。

税関申告書を お持ちでない方は 乗務員に お声をおかけください。

出国カードを お持ちでない方は 乗務員に お声をおかけください。

― (するもの)が なくても — (할 것)이 없어도

申告するものが なくても 税関申告書は ご必要です。

記入するものが なくても お名前は お書きください。

免税品が なくても 税関申告書は お書きください。

| 어휘 | 記入(きにゅう) | 기입 | お名前(なまえ) | 이름 |

단어쓰기

1 다음 한자를 히라가나로 쓰세요.

① 税関 ➡ _____

② 申告書 ➡ _____

③ 入国書類 ➡ _____

④ お手元 ➡ _____

⑤ 英語 ➡ _____

⑥ 大文字 ➡ _____

2 다음 단어를 일본어로 쓰세요.

① 주소 ➡ _____

② 기입 ➡ _____

③ 가족 ➡ _____

④ 미국 ➡ _____

⑤ 직업(일) ➡ _____

⑥ 한 장 ➡ _____

⑦ 비자 ➡ _____

⑧ 환승 ➡ _____

연습하기

1 예와 같이 바꿔 보세요.

예
入国書類
入国書類を お持ちでない方は 乗務員に お声をおかけくだい。

① 免税品の申込書

　_____。

② 免税品の予約注文書

　_____。

③ 税関申告書

　_____。

④ 出国カード

　_____。

申込書(もうしこみしょ) 신청서　　予約注文書(よやくちゅうもんしょ) 예약주문서

❷ 예와 같이 바꿔 보세요.

예
税関申告書・申告するもの・ご必要です
税関申告書は 申告するものが なくても ご必要です。

① 税関申告書・記入するもの・ご必要です

　　_____。

② 日本・ビザ・入国できます

　　_____。

③ 外国語・興味・必要です

　　_____。

④ 旅行・時間・必要です

　　_____。

어휘			
記入(きにゅう)	기입	ビザ	비자
外国語(がいこくご)	외국어	興味(きょうみ)	흥미
旅行(りょこう)	여행	時間(じかん)	시간

말하고 써보기

 일본어로 말하고 써보세요.

① 입국카드와 세관신고서입니다.

　▶ _____

② 세관신고서는 신고할 것이 없어도 필요합니다.

　▶ _____

③ 손님, 어디까지 가십니까?

　▶ _____

④ 미국 비자를 갖고 계십니까?

　▶ _____

⑤ 입국서류를 가지고 있지 않으신 분은 승무원에게 말씀해주세요.

　▶ _____

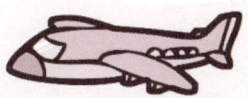

기내방송 (1)

이륙 안내방송

14과

ご搭乗 ありがとうございます。

탑승해 주셔서 감사합니다.

皆様　当機は、まもなく　出発いたします。
どうぞ　シートベルトを　お締めになり、
お座席とテーブルは、もとの位置に　お戻しくださいませ。
また、携帯電話は、飛行計器に　影響をあたえますので、
電源を　お切りくださいませ。
皆様、安全のため、機内での　おたばこは、規定より、
かたく禁じられております。
また、安全運航のため、離着陸の際には、
すべての電子機器は　ご使用になれません。

어휘

当機(とうき)	해당 비행기
飛行計器(ひこうけいき)	비행계기
電源(でんげん)	전원
たばこ	담배
かたく	엄하게
安全運航(あんぜんうんこう)	안전운항
離着陸(りちゃくりく)	이착륙
ご使用(しよう)になれません	사용할 수 없습니다
お締(し)めになる	매시다
影響(えいきょう)を あたえる	영향을 주다
切(き)る	끄다
規定(きてい)	규정
禁(きん)じられる	금지되다
-のため	을 위해
電子機器(でんしきき)	전자기기

皆様　お待たせいたしました。ただいま、整備が終了いたしましたので　当機は、まもなく　出発いたします。
お急ぎのところ、皆様に　ご迷惑をおかけいたしますことを
お詫びもうしあげます。

皆様　お待たせいたしました。
仁川空港の天候が　よくなりましたので、まもなく　離陸いたします。
なお、離陸後、気流が不安定なところを　通過する予定です。
座席ベルト着用のサインが　消えますまで、
ベルトをお外しになりませんよう、お願いいたします。

어휘			
整備(せいび)	정비	終了(しゅうりょう)	종료
お急(いそ)ぎのところ	바쁘신 와중에	ご迷惑(めいわく)をかける	폐를 끼치다
お詫(わ)び	사과	天候(てんこう)	날씨
離陸後(りりくご)	이륙후	気流(きりゅう)	기류
不安定(ふあんてい)	불안정	通過(つうか)	통과
予定(よてい)	안정	着用(ちゃくよう)	착용
サインが消(き)える	사인이 꺼지다	ベルトを外(はず)す	벨트를 풀다

皆様　おはようございます。

本日も　SKYTEAMの　○○航空を　ご利用くださいまして　まことに　ありがとうございます。

この飛行機は　307便　東京行でございます。

この便は　○○航空と○○航空が　共同で　運航しております。

成田空港までの飛行時間は　離陸後　2時間20分を　予定しております。

本日は　機長　キム　スホ、　パーサをはじめ、乗務員　8名が　皆様を成田空港まで　ご案内いたします。

ご用の際は　わたくしどもに　ご遠慮なく、お知らせくださいませ。

それでは　快適な空の旅を　お楽しみくださいませ。

어휘			
本日(ほんじつ)	금일	東京行(とうきょうゆき)	동경행
共同(きょうどう)	공동	運航(うんこう)	운항
飛行時間(ひこうじかん)	비행시간	離陸後(りりくご)	이륙 후
機長(きちょう)	기장	パーサ	사무장(PUSER)
ーをはじめ	ー을 비롯하여	ご用(よう)の際(さい)	용무가 있을 때
わたくしどもに	우리들에게	ご遠慮(えんりょ)なく	사양마시고
お知(し)らせください	(知(し)らせる : 알리다)	快適(かいてき)	쾌적
空(そら)の旅(たび)	하늘의 여행	楽(たの)しむ	즐겁다

문형익히기

명사は ご遠慮(えんりょ)ください   은/는 삼가 해 주십시오

トイレのご使用(しよう)は　　　　ご遠慮(えんりょ)ください。
携帯電話(けいたいでんわ)は　　　ご遠慮(えんりょ)ください。
電子機器(でんしきき)は　　　　　ご遠慮(えんりょ)ください。
写真(しゃしん)は　　　　　　　　ご遠慮(えんりょ)ください。

명사を お楽(たの)しみください   ― 을/를 즐기시기 바랍니다

空(そら)のたびを　　　　　　　お楽(たの)しみください。
旅行(りょこう)を　　　　　　　お楽(たの)しみください。
最新(さいしん) 映画(えいが)サービスを　お楽(たの)しみください。
オーディオサービスを　　　　お楽(たの)しみください。

어휘

写真(しゃしん)	사진	旅行(りょこう)	여행
最新(さいしん)	최신	映画(えいが)サービス	영화 서비스
オーディオ	오디오		

일본의 항공사

▶ 일본항공(日本航空) — JAL(Japan Airlines)

일본최대의 국제선망을 보유한 항공회사로 1951년 일본최초의 민간항공사로 설립되었다. 그 후 53년 일본항공 주식회사 법에 의해 민간과 정부가 함께 경영에 참여하는 특수법인으로 변모한 후 72년이후 정부의 허가 하에 일본 내 국제정기노선 사업을 독점해 정기운송실적 세계1위를 달성하기도 했다. 그러나 그 후 버블경제가 절정을 달리던 일본의 상황에 편승해 방만한 경영을 거듭하고 2001년 911테러, 사스 등이 초래한 승객 감소로 인해 경영 악화가 가속화되어 급기야 2010년 도산을 맞게 된다. 이 후 회사갱생 법을 통한 구조조정과 경영 정상화를 통해 경영 재건을 위해 노력하고 있다.

▶ 전일본공수(全日本空輸) — ANA(All Nippon Airways)

1952년 도쿄와 오사카에서 설립된 일본헬리콥터운송(日本ヘリコプター運送)과 극동항공(極東航空)이 1958년 합병하여 지금의 전일본공수(全日本空輸)가 탄생했다. 처음에는 국내선을 중심으로 발전하여 1971년 홍콩 노선을 처음으로 개설한 뒤 1985년 항공업계의 규제폐지로 86년 3월 최초의 국제 정기 편을 나리타(成田)-괌 간에 취항시켰다. 1999년 국제항공연합 스타얼라이언스에 가맹하였다.

▶ 스카이마크 에어라인즈(スカイマーク エアラインズ)

1996년 저가항공편 판매회사(H.I.S)등의 출자로 설립된 항공회사이다. 낮은 가격을 무기로 하네다(羽田)-후쿠오카(福岡) 노선 등에 취항해 인기를 불러 모았다. 이후 급속하게 늘어난 일본 내 저가항공(LCC)의 원조격에 해당한다. 하지만 현재는 일본의 3대 항공사를 목표로 초대형기 A380을 적지 않게 보유하고 있다. 그 후 새로운 저가항공사들의 등장으로 인해 치열해진 경쟁을 이겨내지 못하고 경영 파탄에 빠져 들었다.

아이벡스 에어라인즈(IBEX)

1999년 지방도시들을 연결하는 노선을 운영해, 지방경제의 유지, 활성화를 목표로 설립되었다. 센다이공항(仙台空港), 오사카국제공항(大阪国際空港)을 거점으로 하고 있으며 항공권의 예약, 판매, 발권사업을 전일본공수에 위탁해 운영되고 있다.

홋카이도 국제항공(AIRDO)

1996년11월 설립된 이후, 2012년 그 동안 애칭으로 불리었던 AIR DO를 정식사명으로 사용하고 있다. 1998년 신치토세공항(新千歳空港)과 하네다 노선에 처음 취항하였다.

단어쓰기

1 다음 한자를 히라가나로 쓰세요.

① 電源 ➡ _____

② 遠慮 ➡ _____

③ 整備 ➡ _____

④ 迷惑 ➡ _____

⑤ 天候 ➡ _____

⑥ 離着陸 ➡ _____

2 다음 단어를 일본어로 쓰세요.

① 기류 ➡ _____

② 안전운항 ➡ _____

③ 종료 ➡ _____

④ 기장 ➡ _____

⑤ 착용 ➡ _____

⑥ 쾌적한 ➡ _____

⑦ 규정 ➡ _____

⑧ 담배 ➡ _____

연습하기

1 예와 같이 바꿔 보세요.

> 예
>
> 化粧室のご使用
>
> 化粧室のご使用は ご遠慮ください。

① コンピューターのご使用

　_____。

② サインが消えるまで 電子機器のご使用

　_____。

③ 離着陸時、お手洗いのご使用

　_____。

④ 携帯電話のご使用

　_____。

 化粧室(けしょうしつ)　화장실　　離着陸時(りちゃくりくじ) 이착륙시

제14과　ご搭乗 ありがとうございます。

❷ 예와 같이 바꿔 보세요.

 예

旅行(りょこう)

旅行(りょこう)を お楽(たの)しみください。

① 快適(かいてき)な空(そら)のたび

　_____。

② 最新映画(さいしんえいが)サービス

　_____。

③ 東京滞在(とうきょうたいざい)

　_____。

④ 機内(きない)のオーディオサービス

　_____。

 어휘

最新(さいしん)	최신	映画(さいしんえいが)サービス	영화서비스
滞在(たいざい)	체재	機内(きない)	기내
オーディオサービス	오디오 서비스		

말하고 써보기

 일본어로 말하고 써보세요.

① 휴대전화는 비행계기에 영향을 주기 때문에 전원을 꺼주세요.

   ▶ _____

② 기내에서의 담배는 규정에 의해 엄하게 금지되어 있습니다.

   ▶ _____

③ 바쁘신데 여러분께 폐를 끼치게 된 점 사과 말씀드립니다.

   ▶ _____

④ 날씨가 좋아졌기 때문에 이제 곧 이륙합니다.

   ▶ _____

⑤ 용무가 있으실 때는 우리들에게 사양마시고 알려주세요.

   ▶ _____

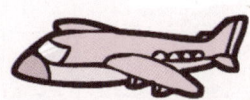

기내방송 (2)
비행 중 안전 안내방송

15과

皆様、ご案内 申し上げます。
여러분 안내 말씀드립니다.

 **방송 1**

皆様　ただいまより　安全に関するビデオを　上映いたします。
前のスクリーンを　ごらんくださいませ。

皆様、ただいまより、乗務員がこの飛行機の非常口と非常用
救命用具について　ご案内いたします。
どうぞ、ごらんくださいませ。
この飛行機には　左右合わせ　8か所の非常口が　ございます。
皆様のお座席から　一番　近い非常口の位置を　お確かめくだ
さいませ。
非常時には　通路に　ガイドライトがついて　非常口をお知ら
せします。

어휘			
安全(あんぜん)	안전	一に関(かん)する	一에 관한
ビデオ	비디오	上映(じょうえい)	상영
スクリーン	스크린	非常口(ひじょうぐち)	비상구
非常用(ひじょうよう)	비상용	救命用具(きゅうめいようぐ)	구명용구
一について	一에 관해	一番(いちばん)	가장
近(ちか)い	가깝다	左右(さゆう)	좌우
合(あ)わせ	합해서	非常時(ひじょうじ)	비상시
通路(つうろ)	통로	ガイドライト	가이드 라이트
知(し)らせる	알리다		

 방송 2

皆様　ベルト着用のサインがつきましたら、シートベルトをお締めください。ベルトは　しっかりと　お締めください。

お外しの時は、バックルを持ちあげますと　簡単に外れます。

また、酸素マスクは　上の棚の中に　ございます。

酸素が必要なときは、酸素マスクは　自動的に　出てきます。

マスクがでましたら、マスクを手前にひいて、鼻と口におあてください。

救命胴衣は　お座席の下に　ございます。

くわしいことは　前のポケットの案内書を　ごらんください。

어휘			
着用(ちゃくよう)	착용	サインがつく	싸인이 나다
しっかり	단단히	救命胴衣(きゅうめいどうい)	구명조끼
酸素(さんそ)マスク	산소마스크	バックルを 持(も)ちあげる	버클을 들어올리다
簡単(かんたん)に	간단하게	外(はず)れます	벗어지다
お外(はず)しの時(とき)	벗을 때	自動的(じどうてき)	자동적
出(で)てくる	나오다	手前(てまえ)	자기 앞
鼻(はな)	코	口(くち)	입
あてる	대다	前(まえ)のポケット	앞주머니

皆様　ただいま　ベルト着用のサインが消えましたが、
急な気流の変化にそなえ、お座席に　おつきの際は
シートベルトを　お締めくださいませ。

ただいま、気流の悪いところを　通過しております。
シートベルトを　しっかりと　お締めくださいませ。
また　おそれいりますが、機内サービスを
しばらく　中断させていただきます。
揺れが　おさまりしだい、サービスを　開始いたしますので
どうぞ　ご了承くださいませ。

어휘			
消(き)える	꺼지다	急(きゅう)な	갑작스러운
気流(きりゅう)	기류	変化(へんか)	변화
そなえる	대비하다	おつきの際(さい)	앉으실 때
悪(わる)い	나쁘다	通過(つうか)	통과
中断(ちゅうだん)	중단	揺(ゆ)れ	흔들림
開始(かいし)	개시	了承(りょうしょう)	양해
おさまりしだい	진정되는대로(진정되다 : おさまる)		

문형익히기

ーさせていただきます　　ー하겠습니다 (겸양표현)

「ーします・いたします」의 겸양표현으로 '(제가) ー하겠습니다'라고 표현할 때 사용한다. 「사역형＋て＋いただきます」의 형태로 서비스 측의 행위를 나타내는 데에 사용한다. 「いたします」보다는 사정에 의해 어쩔 수 없이 하게 되는 행위로 승락을 구하는 표현이다.

機内サービスを　中断させていただきます。

販売を　一時　中止させていただきます。

変更させていただきます。

ーたら　　ー라면(하면)

ベルト着用のサインが　つきましたら、しっかりと　お締めください。

ベルト着用のサインが　消えましたら、機内サビースを　開始いたします。

酸素マスクが　でましたら　鼻と口に　おあてください。

ご必要なものが　ございましたら　お呼びください。

| 販売(はんばい) | 판매 | 一時中止(いちじちゅうし) | 일시중지 |
| 変更(へんこう) | 변경 | 機内(きない)サビース | 기내서비스 |

단어쓰기

1 다음 한자를 히라가나로 쓰세요.

① 気流　　➡ _____

② 左右　　➡ _____

③ 非常用　➡ _____

④ 救命用具➡ _____

⑤ 了承　　➡ _____

⑥ 中断　　➡ _____

2 다음 단어를 일본어로 쓰세요.

① 상영　　　➡ _____

② 기내서비스➡ _____

③ 개시　　　➡ _____

④ 산소마스크➡ _____

⑤ 구명조끼　➡ _____

⑥ 비상시　　➡ _____

⑦ 흔들림　　➡ _____

⑧ 통로　　　➡ _____

연습하기

1 예와 같이 바꿔 보세요.

> 예
> 機内サービスを 終了
> 機内サービスを 終了させていただきます。

① ご注文を ご確認

　　　　　　　　　　　　　　　　　　　　　　　　　　　　。

② 販売を 一時中止

　　　　　　　　　　　　　　　　　　　　　　　　　　　　。

③ パスポートを 拝見

　　　　　　　　　　　　　　　　　　　　　　　　　　　　。

④ 明日 ご連絡

　　　　　　　　　　　　　　　　　　　　　　　　　　　　。

終了(しゅうりょう)	종료	確認(かくにん)	확인
一時中止(いちじちゅうし)	일시중지	拝見(はいけん)	보다의 겸양어
明日(あした)	내일	連絡(れんらく)	연락

2 예와 같이 바꿔 보세요.

예
ベルト着用のサインが　つきました・しっかりと　お締めください。
ベルト着用のサインが　つきましたら　しっかりと　お締めください。

① ベルト着用のサインが　消えました・機内サビースを　開始いたします。
_____。

② 酸素マスクが　でました・鼻と口に　おあてください
_____。

③ 機内サービスが　終了しました・免税品の販売を　開始いたします。
_____。

④ 空港に　到着しました・ご連絡ください。
_____。

어휘 | 連絡(れんらく)　연락　　終了(しゅうりょう)　종료

말하고 써보기

 일본어로 말하고 써보세요.

① 좌석에서 가장 가까운 비상구 위치를 확인해주세요.

　➡ _____

② 벨트 착용 사인이 켜지면 좌석벨트를 매어주세요.

　➡ _____

③ 지금 벨트 착용 사인이 꺼졌습니다

　➡ _____

④ 기내서비스를 잠시 중단하겠습니다

　➡ _____

⑤ 양해 말씀드립니다

　➡ _____

기내방송 (3)
착륙 안내방송

16과

皆様、まもなく 着陸いたします。
여러분 곧 착륙하겠습니다.

皆様（みなさま）　この飛行機（ひこうき）は　まもなく　着陸（ちゃくりく）いたします。

只今（ただいま）より、　機内（きない）のサービスを　終了（しゅうりょう）させていただきます。

皆様の安全（あんぜん）のため　お荷物（にもつ）は　上（うえ）の棚（たな）、または　お座席（ざせき）の下に　お置（お）きください。

また、シートベルトを　お締（し）めになり、フットレストとテーブルは　もとの位置（いち）に　お戻（もど）しください。

これより　ゲートに　到着（とうちゃく）するまで、すべての電子機器（でんしきき）は　お使（つか）いになれません。どうぞ、ご協力（きょうりょく）くださいませ。

어휘			
終了(しゅうりょう)	종료	フットレスト	발판(Foot Rest)
ゲート	게이트		
お使(つか)いになれません	사용할 수 없습니다 (使(つか)う : 사용하다)		

방송 2

皆様 この飛行機は ただいま 成田空港に 到着いたしました。

東京の天気は 晴れ、気温は 攝氏20度でございます。

現地時間は 4月 14日、午前 10時 30分でございます。

シートベルトの着用のサインが 消えますまで、

いま しばらく お座席にて お待ちくださいませ。

また、上の棚を お開けになる際には

お荷物がすべり出ることが ございますので、ご注意くださいませ。

お降りの際は、お忘れ物のないよう お確かめくださいませ。

어휘			
現地時間(げんちじかん)	현지시간	天気(てんき)	날씨
晴(は)れ	맑음	気温(きおん)	기온
攝氏(せっし)	섭씨	すべり出(で)る	미끄러져 나오다
お降(お)りの際(さい)	내리실 때	お忘(わす)れ物(もの)	잊으신 물건
ーないよう	-없으시도록(하지 않도록)		
お確(たし)かめください	확인해주세요 (確(たし)かめる : 확인하다)		

皆様　この飛行機は　ただいま　仁川空港に　到着いたしました。

本日は　気流の関係で　到着が　おくれました事

お詫び申しあげます。

ソウルの天気は　雨、気温は　攝氏15度でございます。

現地時間は　8月　5日、午後　4時　30分でございます。

シートベルトの着用のサインが　消えますまで、

いま　しばらく　お座席にて　お待ちくださいませ。

皆様、今日も　SKYTEAMの　○○航空を　ご利用ください

まして　ありがとうございます。

また　近いうちに　皆様とお目にかかれますよう、乗務員一同、

お待ちいたしております。ご搭乗　ありがとうございました。

気流(きりゅう)	기류	関係(かんけい)	관계
おくれる	늦어지다	お詫(わ)び申(もう)しあげる	사죄 말씀드리다
一まで	一까지	近(ちか)いうちに	가까운 시일에
お目(め)にかかる	만나뵙다	一同(いちどう)	일동

문형익히기

ーくださいますよう お願い申し上げます
—해 주시도록 부탁 말씀 드립니다
(정중한 의뢰표현)

겸양표현으로 상대방에게 정중하게 요청할 때 사용하는 표현이다.

ご連絡くださいますよう、お願い申し上げます。

またの機会に ご利用くださいますよう お願い申し上げます。

携帯電話の電源は、飛行機を お降りになりましてから
お入れくださいますよう、お願い申し上げます。

何月   월 읽기

1月	2月	3月	4月	5月	6月
いちがつ	にがつ	さんがつ	しがつ	ごがつ	ろくがつ
7月	**8月**	**9月**	**10月**	**11月**	**12月**
しちがつ	はちがつ	くがつ	じゅうがつ	じゅういちがつ	じゅうにがつ

어휘

機会(きかい)   기회   降(お)りる   내리다

제16과 皆様、まもなく 着陸いたします。

何日 (なんにち)　　　일 읽기

				1 ついたち	2 ふつか	3 みっか
4 よっか	5 いつか	6 むいか	7 なのか	8 ようか	9 ここのか	10 とおか
11 じゅういちにち	12 じゅうににち	13 じゅうさんにち	14 じゅうよっか	15 じゅうごにち	16 じゅうろくにち	17 じゅうしちにち
18 じゅうはちにち	19 じゅうくにち	20 はつか	21 にじゅういちにち	22 にじゅうににち	23 にじゅうさんにち	24 にじゅうよっか
25 にじゅうごにち	26 にじゅうろくにち	27 にじゅうしちにち	28 にじゅうはちにち	29 にじゅうくにち	30 さんじゅうにち	31 さんじゅういちにち

今日(きょう)は 何月(なんがつ) 何日(なんにち)ですか。　　　今日(きょう)は 3月(さんがつ) 15日(じゅうごにち)です。

何時 (なんじ)　　　시간 읽기

➡ 何時(なんじ) 시간

1時	2時	3時	4時	5時	6時
いちじ	にじ	さんじ	よじ	ごじ	ろくじ
7時	8時	9時	10時	11時	12時
しちじ	はちじ	くじ	じゅうじ	じゅういちじ	じゅうにじ

➡ 何分(なんぷん) 분 읽기

1分	いっぷん	10分	じゅっぷん
2分	にふん	20分	にじゅっぷん
3分	さんぷん	30分	さんじゅっぷん
4分	よんぷん	40分	よんじゅっぷん
5分	ごふん	50分	ごじゅっぷん
6分	ろっぷん	60分	ろくじゅっぷん
7分	ななふん		
8分	はっぷん		
9分	きゅうふん		

일본 국제 공항

공항 명	공항 영어 명	별칭	공항코드 (ICAO)	지역 명	도시코드 (IATA)
도쿄국제공항 (東京国際空港)	Tokyo International Airport	하네다공항 (羽田空港)	RJTT	도쿄	HND
나리타국제공항 (成田国際空港)	Narita International Airport	나리타공항 (成田空港)	RJAA	치바 현	NRT
간사이국제공항 (関西国際空港)	Kansai International Airport	간쿠 (関空)	RJBB	오사카 부	KIX
주부국제공항 (中部国際空港)	Chubu Centrair International Airport	센트레아 (Centrair)	RJGG	아이치 현	NGO

1. 도쿄국제공항(東京国際空港)

정식명칭은 도쿄국제공항(東京国際空港, Tokyo International Airport)으로 도쿄의 오타 구(大田区)에 위치하고 있다. 통칭 하네다공항(羽田空港)으로 불린다. 1931년 동경비행장(東京飛行場)이라는 명칭으로 정식으로 개항된 이후 현재는 국제선과 국내선을 아우르는 일본최대의 공항으로 거듭났다.

2. 나리타국제공항(成田国際空港)

치바 현 나리타 시(千葉県成田市)에 위치한 공항. 기존의 동경의 여객과 물류를 담당하던 하네다공항(羽田空港)이 수용한계에 달하게 되어 국제선만을 전문적으로 담당하는 공항이 필요하게 되었고, 1978년 신동경 국제공항(新東京国際空港)이라는 명칭으로 국제선 위주의 공항으로 개항되었다.

2003년 4월 이후 신동경 국제공항공단이 민영화되어 나리타국제공항 주식회사가 설립된 후 현재의 나리타국제공항(成田国際空港)으로 개명되었다. 통칭 나리타공항(成田空港), 하네다공항과 구별하기 위해서 도쿄 나리타(Tokyo-Narita)라고 불리기도 한다.

3. 간사이국제공항(関西国際空港)

오사카 부 이세만(大阪府伊勢湾)부근에 인공으로 조성된 섬 위에 건설되었다. 부지 전체가 인공섬 위에 건설된 것은 간사이국제공항 (関西国際空港)이 세계 최초로 간사이 지방(関西地方)을 대표하는 국제 거점공항이다. 1984년 정부와 민간의 공동출자로 만들어졌으며 통칭하여 간쿠(関空)라고 불린다.

4. 주부국제공항(中部国際空港)

주부국제공항(中部国際空港)은 아이치 현 이세만(愛知県伊勢湾)에 위치하며, 간사이국제공항과 마찬가지로 인공섬 위에 건설된 국제공항이다. 기존의 나고야공항(名古屋空港)의 수용한계로 인해 2005년에 개항되었다. 애칭은 센트레아(Centrair)로 주부지방을 의미하는 Central과 공항의 Airport를 합성하여 만들어졌다.

단어쓰기

1 다음 한자를 히라가나로 쓰세요.

① お忘れ物 ➡ _____

② 終了 ➡ _____

③ 現地時間 ➡ _____

④ 着用 ➡ _____

⑤ 気温 ➡ _____

⑥ 一同 ➡ _____

2 다음 단어를 일본어로 쓰세요.

① 협력 ➡ _____

② 맑음 ➡ _____

③ 미끄러져 나오다 ➡ _____

④ 시각 ➡ _____

⑤ 내리 실 때 ➡ _____

⑥ 가까운 시일 ➡ _____

⑦ 탑승 ➡ _____

⑧ 발판 ➡ _____

연습하기

1 예와 같이 바꿔 보세요.

> **예**
> おたばこ・お控え
>
> おたばこは　お控えくださいますよう、お願い申し上げます。

① 携帯電話のご使用・お控え

　_____。

② 電子機器のご使用・お控え

　_____。

③ お手洗いのご使用・お控え

　_____。

④ 機内での撮影・お控え

　_____。

어휘　控(ひか)える　　　삼가하다　　　撮影(さつえい)　　　촬영

2 예와 같이 바꿔 보세요.

예　午前　4：30　／　晴れ　／　22度

現地時間は　午前4時30分

ソウルの天気は　晴れ、気温は　22度でございます

① 午前　7：25　／　雨(あめ)　／　気温　20

_____。

② 午後　9：40　／　曇(くも)り　／　気温　18度

_____。

③ 午前　8：10　／　雪(ゆき)　／　気温　－2度

_____。

④ 午前　10：25　／　にわか雨　／　気温　22度

_____。

어휘			
雨(あめ)	비	曇(くも)り	흐림
雪(ゆき)	눈	にわか雨	소나기

말하고 써보기

 일본어로 말하고 써보세요.

① 이 비행기는 곧 착륙하겠습니다.

   ➡ _____

② 동경 날씨는 맑음, 기온은 20도입니다.

   ➡ _____

③ 내리 실 때는 잊으신 물건을 없도록 확인해주세요.

   ➡ _____

④ 좌석벨트 착용 사인이 꺼지기까지 잠시 좌석에서 기다려주세요.

   ➡ _____

⑤ 또 가까운 시일 내에 만나뵐 수 있도록 승무원 일동 기다리고 있겠습니다.

   ➡ _____

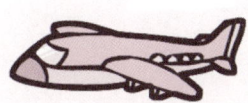

부록

1. 문법해설
2. 항공기내 필수표현 50문항
3. 본문해설
4. 연습문제 풀이

1. 문법해설

동사 종류

동사란 사람이나 사물의 동작, 작용, 상태, 존재 등을 나타낸다.
일본어 동사는 모두 [u] 모음으로 끝나며 모양에 따라 3종류 —1그룹, 2그룹, 3그룹— 으로 나누어진다.

(1) 1그룹동사 — 끝소리가「る」로 끝나지 않는 동사
　　　　　　　끝소리가「る」로 끝나는 동사의 경우 그 앞의 음이 [a] [u] [o]인 동사

　　買う 사다　　行く 가다　　泳ぐ 수영하다　　話す 대화하다
　　持つ 들다　　死ぬ 죽다　　遊ぶ 놀다　　　　飲む 마시다
　　通る 지나가다

> cf　知る 알다　　　　　　　走る 달리다
> 　　入る 들어가다, 들어오다　帰る 돌아가다, 돌아오다
> 　　要る 필요하다　　　　　　切る 자르다

(2) 2그룹동사 — 끝소리가「る」로 끝나며 그 앞의 음이 [i] [e]인 동사

　　見る 보다　　起きる 일어나다　　食べる 먹다　　教える 가르치다

(3) 3그룹동사 — 불규칙동사.

　　する 하다　　来る 오다

-ます -ません　　　-합니다 -하지 않습니다

동사의 정중형에는「-ます」를, 부정할 때에는「-ません」을 붙인다.

(1) 1그룹동사 — 끝소리 [u]를 [i]로 고치고「ます」,「ません」을 붙인다.

　　買う　　　　　買います　　　　買いません
　　話す　　　　　話します　　　　話しません
　　通る　　　　　通ります　　　　通りません

　　　　　水を　飲みます。　　　彼を　待ちません。

(2) 2그룹동사 ― 끝소리「る」를 떼고「ます」,「ません」을 붙인다.

　　　　　見る　　　　　見ます　　　　　見ません
　　　　　食べる　　　　食べます　　　　食べません

　　　　　朝、6時に　起きます。　お肉は　食べません。

(3) 3그룹동사 ― 불규칙 활용.

　　　　　する　　　　　します　　　　　しません
　　　　　来る　　　　　来ます　　　　　来ません

　　　　　毎日　運動します。　山田さんは　来ません。

ーました　ーませんでした	－했습니다.　－하지 않았습니다 (과거의 정중형)

동사의 과거 정중형에는「－ました」를, 부정할 때에는「－ませんでした」를 붙인다.

(1) 1그룹동사 ― 끝소리 [u]를 [i]로 고치고「ました」,「ませんでした」를 붙인다.

　　　　　買う　　　　　買いました　　　　買いませんでした
　　　　　話す　　　　　話しました　　　　話しませんでした
　　　　　通る　　　　　通りました　　　　通りませんでした

　　　　　水を　飲みました。　彼を　待ちませんでした。

(2) 2그룹동사 ― 끝소리「る」를 떼고「ました」,「ませんでした」를 붙인다.

　　　　　見る　　　　　見ました　　　　　見ませんでした
　　　　　食べる　　　　食べました　　　　食べませんでした

　　　　　朝、6時に　起きました。　お肉は　食べませんでした。

(3) 3그룹동사 ― 불규칙 활용.

する	しました	しませんでした
来る	来ました	来ませんでした

毎日　運動しました。　　山田さんは　来ませんでした。

■ 동사의 활용연습

기본형	의미	―ます	―ません
見る	보다		
食べる	먹다		
書く	쓰다		
話す	이야기하다		
飲む	마시다		
遊ぶ	놀다		
死ぬ	죽다		
買う	사다		
会う	만나다		
待つ	기다리다		
持つ	들다		
乗る	타다		
帰る	돌아가(오)다		
する	하다		
来る	오다		

ーて (で)		ー이고
1그룹동사 (5단동사)	① 어미 く → **いて** ぐ → **いで**	置く → 置いて 泳ぐ → 泳いで cf) 行く → 行って
	② 어미 う つ → **って** る	会う → 会って 立つ → 立って 乗る → 乗って
	③ 어미 む ぶ → **んで** ぬ	飲む → 飲んで 遊ぶ → 遊んで 死ぬ → 死んで
	④ 어미 す → **して**	話す → 話して
2그룹동사 (1단동사)	어미 る → **て**	見る → 見て 変える → 変えて
3그룹동사 (불규칙동사)	불규칙활용	来る → 来て する → して

	ーた（だ）		ー였다 (동사의 과거형)
1그룹동사 (5단동사)	① 어미 く → **いた** 　　　ぐ → **いだ**	書く → 書いた 泳ぐ → 泳いだ cf) 行く → 行った
	② 어미 う 　　　つ → **った** 　　　る	買う → 買った 待つ → 待った 乗る → 乗った
	③ 어미 む 　　　ぶ → **んだ** 　　　ぬ	飲む → 飲んだ 遊ぶ → 遊んだ 死ぬ → 死んだ
	④ 어미 す → **した**	話す → 話した
2그룹동사 (1단동사)	어미 る → **た**	見る → 見た 食べる → 食べた
3그룹동사 (불규칙동사)	불규칙활용	来る → 来た する → した

―ない	― 않다 (부정)

(1) 1그룹동사 ― 끝소리 [u]를 [a]로 고치고 「ない」를 붙인다.

    書く   書かない
    話す   話さない
    通る   通らない

    水を 飲まない。   彼を 待たない。

    단) *う→わ로 바꾼다(예외)   * 会う→会わない

(2) 2그룹동사 ― 끝소리 「る」를 떼고 「ない」를 붙인다.

    見る   見ない
    食べる   食べない

    朝、6時に 起きない。 お肉は 食べない。

(3) 3그룹동사 ― 불규칙 활용.

    する   しない
    来る   こない

    毎日 運動しない。   山田さんは こない。

■ 동사의 활용연습

기본형	의미	—て	—た	—ない
見る	보다			
食べる	먹다			
書く	쓰다			
話す	이야기하다			
飲む	마시다			
遊ぶ	놀다			
死ぬ	죽다			
買う	사다			
会う	만나다			
待つ	기다리다			
持つ	들다			
乗る	타다			
帰る	돌아가(오)다			
する	하다			
来る	오다			

◼ 경어 동사표

동사의 **ます**형	의미	존경어	겸양어
行きます	갑니다	いらっしゃいます	まいります
来ます	옵니다		
います	있습니다		おります
言います	말합니다	おっしゃいます	もうします
見ます	봅니다	ごらんになります	はいけんします
飲みます	마십니다	めしあがります	いただきます
食べます	먹습니다		
します	합니다	なさいます	いたします
くれます	줍니다	くださいます	
あります	있습니다	おありになります	ございます
持ちます	듭니다, 가집니다	おもちになります	おもちします
会います	만납니다	おあいになります	おめにかかります
もらいます	받습니다		いただきます
―です	―입니다	でいらっしゃいます	―でございます

■ 경어

경어	① 존경어	상대방을 높여서 직접적으로 경의를 표현한다	「お/ご-ください」
			「お/ご-になります」
			「れる・られる」동사의 활용존경어
			「いらっしゃいます」「なさいます」 등의 특수 존경어
	② 겸양어	자신의 행위를 낮추어 상대방을 높이는 표현이다	「お/ご-します/いたします」
			「-いたします」「-させていただく」
			「おります」「もうします」등의 특수 겸양어
	③ 정중어	상대방에게 정중한 말씨로 공손한 마음을 표현하고자 할 때 사용한다	「-でしょうか」「-でございます」
			「-でいらっしゃいます」
			「お座席」「ご注文」등

① ご搭乗券を お見せください。　　お電話ください。ご連絡ください。

　これ、お使いになりますか。　　いつ ご出発になりますか。

　明日 何時ごろ 行かれますか。　韓国には いつ いらっしゃいましたか。

② まくらを お持ちいたします。

　機内サービスを 終了させていただきます。

　予定より 遅れております。　　日本酒は 販売しておりません。

③ お客様、大丈夫でしょうか。　　おつりとレシートでございます。

　ご注文は ございませんか。　　お座席まで ご案内いたします。

◼ 특수 겸양어

경어 표현에는 화자인 나 자신을 낮춤에 따라서 상대방을 높여주는 겸양 표현이 있다. 또한, 나 자신을 겸손하게 표현할 때도 사용한다. 그 형태가 정해져 있는 특수 겸양어에는 다음과 같은 것들이 있다.

원형	의미	특수겸양동사 원형	특수겸양동사 정중형
いる	있다	おる	おります
する	하다	致す	致します
食べる	먹다	いただく	いただきます
飲む	마시다		
見る	보다	拝見する	拝見します
分かる	알다	承知する	承知します
		かしこまる	かしこまります
見せる	보여주다	お目にかける	お目にかけます

2. 항공기내 필수표현 50문항

1) 어서 오세요. 탑승권을 보여주세요.
   ▶ いらっしゃいませ。ご搭乗券を　お見せください(ませ)。

2) 몇 번이십니까? 잠깐만 기다려 주십시오. 안내해 드리겠습니다.
   ▶ 何番でございますか。少々　お待ちください。ご案内いたします。

3) 손님의 좌석은 저쪽 창측입니다.
   ▶ お客様のお座席は　あちらの窓側でございます。

4) 안으로 들어가주세요.
   ▶ 奥のほうへ　お進みください(ませ)。

5) 손님, 송구합니다만, 짐은 좌석아래에 놓아주세요
   ▶ お客様、おそれいりますが、お荷物は　お座席の下に　お置きください(ませ)。

6) 안전을 위해 짐은 윗 선반에 넣어주세요
   ▶ 安全のため、お荷物は　上の棚に　お入れください(ませ)。

7) 괜찮으시다면 자리변경을 부탁할 수 없을까요?
   ▶ よろしければ、シートチェンジを　お願いできませんか。

8) 이어폰이 고장입니다. 다른 것과 바꿔드리겠습니다.
   ▶ イヤホーンが故障でございます。ほかのものと　お替えいたします。

9) 이제 곧 이륙하오니, 화장실은 서둘러 주십시오.
   ▶ まもなく、離陸いたしますので、お手洗いは　お急ぎください(ませ)。

10) 곧 가져다 드리겠습니다 / 준비해 드리겠습니다 / 알아봐 드리겠습니다
    ▶ すぐ、お持ちいたします。ご用意いたします。お調べいたします。

11) 이제 곧 이륙하오니 자리에 앉아주세요.
   ➡ まもなく、離陸いたしますので、お席に おつきください(ませ)。

12) 송구합니다만, 좌석벨트를 매어주세요.
   ➡ おそれいりますが、シートベルトを お締めください(ませ)。

13) 이제 곧 이륙하오니, 등받이를 원위치로 돌려놓아주세요.
   ➡ まもなく、離陸いたしますので、リクライニングを もとの位置に お戻しください(ませ)。

14) 이제 곧 이륙하오니, 테이블을 원위치로 돌려놓아주세요.
   ➡ まもなく、離陸いたしますので、テーブルを もとの位置に お戻しください(ませ)。

15) 창문의 블라인드를 열어주세요.
   ➡ 窓のブラインドを おあけください(ませ)。

16) 안전벨트를 다시 한 번 확인해주세요.
   ➡ シートベルトを もう一度 お確かめください(ませ)。

17) 휴대전화의 사용은 금지되어 있습니다.
   ➡ 携帯電話のご使用は 禁じられております。

18) 전자기기의 사용은 금지되어 있습니다.
   ➡ 電子機器のご使用は 禁じられております。

19) 전자기기는 이륙 후 사용해주세요.
   ➡ 電子機器のご使用は 離陸の後 お使いください(ませ)。

20) 송구합니다만, 스위치를 꺼주세요.
   ➡ おそれいりますが、スイッチを お切りください(ませ)。

21) 여러분께 안내 말씀드립니다.
   ➡ みなさまに ご案内を もうしあげます。

22) 나리타공항까지의 비행시간은 2시간 20분을 예정하고 있습니다.
　　▶ 成田空港までの飛行時間は　2時間　20分を　予定しております。

23) 비디오에서도 안내해드린대로, 통로, 화장실을 포함해 전 좌석 금연입니다.
　　▶ ビデオでも　ご案内いたしましたとおり、通路、トイレをふくめ、
　　　全席　禁煙でございます。

24) 용무가 있으실 때는 부담 없이 말씀해주세요.
　　▶ ご用の際は　お気軽に　お声をおかけください(ませ)。

25) 그럼 편히 쉬십시오.
　　▶ それでは、どうぞ、ごゆっくり　おくつろぎください(ませ)。

26) 물수건입니다. 음료 드시겠습니까?
　　▶ おしぼりでございます。お飲み物は　いかがですか。

27) 뜨거우니 조심해 주세요.
　　▶ 熱いですので、ご注意ください(ませ)。

28) 커피 더 드시겠습니까? / 한잔 더 갖다 드릴까요?
　　▶ コーヒーのおかわりは　いかがですか。／　もう　いっぱい　お持ちいたしましょうか。

29) 설탕과 크림하시겠습니까?
　　▶ (お)砂糖とクリームは　いかがですか。

30) 식사 전 음료는 무엇으로 하시겠습니까?
　　▶ お食事前のお飲み物は　何になさいますか。

31) 식사는 무엇으로 하시겠습니까?
　　▶ お食事は　何になさいますか。

32) 식사는 비프와 생선이 있습니다. 어느 쪽으로 하시겠습니까?
　　▶ お食事は　ビーフとお魚がございます。どちらに　なさいますか。

33) 음료라도 가져다 드릴까요?
➡ お飲み物でも お持ちいたしましょうか。

34) 식사 마치셨습니까? 치워드리겠습니다.
➡ お食事は お済みでしょうか。おさげいたします。

35) 죄송합니다만 비빔밥은 전부 나가버렸습니다 (다 떨어졌습니다).
➡ おそれいりますが、ビビンパは 全部 出てしまいました。

36) 나중에 식사를 가져다 드릴까요?. 그 외 필요한 것은 없으십니까?
➡ 後で お食事を お持ちいたしましょうか。ほかに ご必要なものは ございませんか。

37) 지금부터 면세품 판매를 시작하겠습니다. 면세품의 주문은 없으십니까?
➡ ただいまより、免税品の販売をいたします。
　免税品のご注文は ございませんか。

38) 면세품은 양주, 화장품, 향수 등이 있습니다. 술은 한 병까지 면세입니다.
➡ 免税品は 洋酒、化粧品、香水などがございます。
　お酒は 一本まで 免税でございます。

39) 예약주문 상품입니다. 자세한 것은 안내서를 봐주세요.
➡ 予約注文の商品でございます。
　くわしいことは、案内書を ごらんください(ませ)。

40) 입국 카드와 세관 신고서입니다. 가지고 계십니까?
➡ 入国カードと税関申告書でございます。お持ちでしょうか。

41) 무언가 시키실 일이 있으시면 불러 주십시오.
➡ 何か、ございましたら、お呼びください(ませ)。

42) 도와드릴까요? / 준비해 드릴까요?
➡ お手伝いいしましょうか。 / ご用意いたしましょうか。

43) 환전은 금지되어 있습니다. 대단히 죄송합니다.
   ➡ 両替は 禁じられております。もうしわけございません。

44) 잠시 후 착륙하겠사오니 화장실은 서둘러 주십시오.
   ➡ まもなく、着陸いたしますので、お手洗いは、お急ぎください(ませ)。

45) 기류관계로 흔들리고 있습니다. 주의해 주십시오.
   ➡ 気流の関係で ゆれております。ご注意ください(ませ)。

46) 예정보다 30분정도 지연되고 있습니다.
   ➡ 予定より 30分ほど、遅れております。

47) 잠시 기내서비스를 중단하겠습니다.
   ➡ しばらく、機内サービスを 中断させていただきます。

48) 좌석벨트 착용의 사인이 꺼질 때까지 앉아서 기다려주세요.
   ➡ シートベルトの着用のサインが消えるまで、お座りのまま、お待ちください(ませ)。

49) 내리실 때는 잃어 버린 물건이 없으시도록, 천천히 준비해주세요.
   ➡ お降りの際は、お忘れものが ございませんよう、ごゆっくり、お支度ください(ませ)。

50) 현재 일본의 날씨는 비(맑음, 흐림) 이고, 기온은 20도입니다.
   ➡ 現在の日本のお天気は 雨(晴れ、曇り)、気温は 20度でございます。

3. 본문해석

1과 서비스 인사말

【회화 1】
- 기본인사: 어서 오십시오. 안녕하십니까? (아침, 점심, 저녁)
- 감사할 때: 감사합니다 / 이용해 주셔서 감사합니다.
- 양해, 사과할 때: 실례합니다. 송구합니다만
  미안합니다. 죄송합니다, 너무 죄송합니다. 사죄 말씀드립니다.

【회화 2】
- 처음 만났을 때: 처음 뵙겠습니다. 담당 승무원 김OO입니다.
  부디 잘 부탁합니다.
- 손님이 찾을 때: 부르셨습니까? / 무슨 용무십니까?

【회화 3】
- 의뢰에 대응할 때: 네 알겠습니다. 잠시 기다려주십시오.
  곧 준비해 드리겠습니다.
  곧 가져다 드리겠습니다.
  곧 알아봐 드리겠습니다
- 필요한 서비스가 있는지 물을 때: 그 밖에 더 필요한 것은 없으십니까?
- 의뢰, 부탁할 때: 협력 부탁드립니다. 양해해 주십시오. 삼가해 주십시오.

2과 탑승권을 보여주세요.

【회화 1】
- 승무원 어서 오십시오.
  안녕하세요(아침인사)
  탑승권을 보여 주세요.
  저쪽으로 가주십시오. 오른쪽 안쪽입니다.

【회화 2】
- 승무원 어서 오십시오.
  안녕하세요 (낮 인사). 몇 번이십니까?
- 손 님 15B입니다.
- 승무원 통로 측입니다. 안내해드리겠습니다.

【회화 3】
   승무원   어서 오십시오.
                안녕하세요. 탑승권을 보여 주세요.
                손님 좌석은 저쪽 창가입니다.
                안쪽으로 들어가 주세요.
                안내해드리겠습니다.

3과   짐은 윗 선반에 넣어주세요.

【회화 1】
   승무원   손님 송구합니다만, 이쪽은 비상구입니다.
                짐은 윗 선반 또는 좌석 아래에 놓아 주세요.
                안전을 위해서 깨지는 물건은 좌석 아래에 부탁드리겠습니다.

【회화 2】
   승무원   손님 안전을 위해서 짐은 윗 선반 혹은 좌석 아래에 놓아 주세요.
                또한 윗 선반을 여실 때는 짐이 미끄러져 나오는 경우가 있사오니,
                충분히 주의해 주세요.

【회화 3】
   승무원   손님, 송구합니다만 안전을 위해 짐은 윗 선반에 넣어 주세요.
                도와 드릴까요?
   손님   저기요. 윗쪽 선반이 이미 꽉 차 있네요.
   승무원   네, 잠시만 기다려 주세요.
                손님, 이쪽에 공간이 있습니다. 도와 드리겠습니다.
                내리실 때 아무쪼록 잊어버리시는 일이 없으시도록… (해 주세요).

4과   비상구 좌석입니다.

【회화 1】
   승무원   실례하겠습니다.
                이쪽은 비상구 좌석입니다.
                비상시에는 승무원의 지시하에 도움을 부탁드립니다.
                이쪽의 안내를 봐 주세요.

【회화 2】
   손님   저기요. 자리를 바꾸고 싶습니다만.
   승무원   죄송합니다. 오늘은 만석입니다.
                나중에 안내해 드릴테니, 잠시만 기다려 주세요.
                유아용 침대는 이륙 후 설치해 드리겠습니다.

【회화 3】
승무원　실례하겠습니다.
　　　　손님, 이쪽 손님이 가족분들이신데,
　　　　괜찮으시다면 자리변경을 부탁할 수 없을까요?
손님　　괜찮아요.
승무원　감사합니다. 안내해 드리겠습니다.
　　　　오래 기다리셨습니다? 이쪽으로 오십시오.

5과　신문 보시겠습니까?

【회화 1】
손님　　무언가 읽을거리는 없습니까?
승무원　신문 보시겠습니까 (어떠세요)?
손님　　일본 신문을 부탁드립니다.
승무원　마이니치신문과 아사히신문이 있습니다만...
손님　　그러면 아사히신문을 주세요.
승무원　네, 곧 가져다 드리겠습니다.

【회화 2】
손님　　저기요. 조금 춥습니다만, 담요를 주세요.
승무원　네, 알겠습니다. 잠시만 기다려주세요.
손님　　화장실은 어디에 있어요?
승무원　화장실은 이쪽에 있습니다.
　　　　잠시 후 이륙하오니 서둘러주십시오.

【회화 3】
손님　　저기요. 잠시만.. 이어폰이 잘 안 들립니다만...
승무원　네, 잠시 실례하겠습니다. 바로 알아 보겠습니다.
승무원　죄송합니다. 이어폰이 고장입니다.
　　　　다른 것으로 바꿔 드리겠습니다. 잠시만 기다려 주세요.
　　　　시스템을 리셋해드리겠습니다.

6과　좌석벨트를 매어주세요.

【회화 1】
승무원　손님 잠시 후 이륙하오니, 자리에 앉아 주세요.
　　　　송구합니다만, 좌석벨트를 매어 주세요.
　　　　또한 테이블을 원래 위치로 돌려놔 주세요.

【회화 2】
승무원　손님, 송구합니다만, 잠시 후 이륙하오니 등받이를 돌려놔 주세요.

　　　　　　손님, 송구합니다만 창문 블라인드를 열어 주세요.
　　　　　　협력해 주셔서 감사합니다.

【회화 3】
　승무원　　여러분 잠시 후 이륙하겠습니다.
　　　　　　좌석벨트를 다시 한 번 확인해 주세요.
　　　　　　또한, 등받이, 테이블을 원래 위치로 돌려놔 주세요.
　　　　　　작은 아이를 동반하신 손님은 아이를 단단히 안아 주세요.
　　　　　　유아는 좌석벨트 위에서 안아 주세요.

7과　휴대전화 사용은 금지되어 있습니다.

【회화 1】
　승무원　　실례하겠습니다. 송구합니다만,
　　　　　　휴대전화 사용은 금지되어 있습니다.
　　　　　　죄송합니다만, 스위치를 꺼 주세요.
　　　　　　협력 부탁드립니다.

【회화 2】
　승무원　　잠시 후 이륙하겠습니다.
　　　　　　휴대전화는 전원을 꺼 주세요.
　　　　　　전자기기는 이륙 후 사용해 주세요.
　　　　　　또한 잠시 동안, 화장실 사용은 삼가해 주세요.
　　　　　　협력 부탁드립니다.

【회화 3】
　승무원　　여러분께 안내해드립니다.
　　　　　　나리타공항까지의 비행시간은 2시간 20분을 예정하고 있습니다.
　　　　　　비디오에서도 안내해드린대로, 통로, 화장실을 포함해 전 좌석 금연입니다.
　　　　　　용무가 있으실 때는 편히 승무원을 불러 주세요.

8과　음료는 무엇으로 하시겠습니까?

【회화 1】
　승무원　　여기 물수건입니다. 음료 드시겠습니까?
　손님　　　뭔가 차가운 거 있나요?
　승무원　　주스, 탄산음료, 맥주 등이 있습니다.
　손님　　　그럼, 차가운 맥주를 주세요.
　승무원　　네, 알겠습니다.

【회화 2】
　　승무원　　음료 드시겠습니까? 차와 커피가 있습니다.
　　손님　　　커피 주세요.
　　승무원　　네 알겠습니다. 컵을 부탁드립니다.
　　　　　　　뜨거우니 조심해 주세요.
　　　　　　　설탕과 크림은 어떠세요?
　　손님　　　괜찮습니다.
　　승무원　　커피 리필해 드릴까요?
　　손님　　　네 부탁드려요.

【회화 3】
　　승무원　　식사 전 음료는 무엇으로 하시겠습니까?
　　　　　　　맥주, 주스 등이 있습니다.
　　손님　　　와인은 없습니까?
　　승무원　　네, 레드와 화이트가 있습니다만...
　　손님　　　레드로 부탁드려요.
　　승무원　　네 알겠습니다.

9과　　식사는 무엇으로 하시겠습니까?

【회화 1】
　　승무원　　손님, 식사입니다. 식사는 비프와 생선이 있습니다.
　　　　　　　어느 쪽으로 하시겠습니까?
　　손님　　　비프를 주세요.
　　승무원　　네 알겠습니다. 천천히 드세요.

【회화 2】
　　승무원　　손님 식사입니다. 식사는 비빔밥과 일식이 있습니다.
　　　　　　　어느 쪽으로 하시겠습니까?
　　손님　　　비빔밥으로 주세요.
　　승무원　　네 알겠습니다. 여기 미역국입니다. 뜨거우니까 조심해 주세요.

【회화 3】
　　승무원　　손님, 식사로 무엇으로 하시겠습니까?
　　손님　　　비빔밥은 있나요?
　　승무원　　죄송합니다. 비빔밥과 일식이 있었는데, 비빔밥은 전부 나갔습니다(서비스 되었습니다).
　　　　　　　일식은 어떠세요?
　　손님　　　일식으로 할께요.
　　승무원　　천천히 드십시오.

10과   식사는 마치쳤습니까?

【회화 1】
- 승무원: 식사입니다.
- 손님: 지금은 괜찮습니다.
- 승무원: 손님, 나중에 가져다 드릴까요?
- 손님: 네, (그렇게) 부탁드려요.

- 승무원: 음료라도 가져다 드릴까요?
- 손님: 아니요, 괜찮습니다. 아무것도 필요하지 않아요.

【회화 2】
- 승무원: 손님, 식사는 마치셨습니까?
- 손님: 네, 잘 먹었습니다.
- 승무원: 치워드리겠습니다. 그 외에 필요한 것은 없으십니까?
- 손님: 괜찮습니다.

【회화 3】
- 승무원: 식사는 마치셨습니까?
- 손님: 아니오, 아직이요.
- 승무원: 실례했습니다. 그럼 천천히 드세요.
- 손님: 커피 주세요.
- 승무원: 커피는 다른 승무원이 서비스해 드리겠습니다.

11과   면세품 주문은 없으십니까?

【회화 1】
- 승무원: 이 비행기에서는 면세품 판매를 하고 있습니다.
  상품 안내는 좌석주머니의 팜플렛을 봐 주세요.
  (면세품 구입을) 희망하시는 손님은 서둘리 승무원에게 말씀(분부)해 주세요.

  지금부터 면세품의 판매를 하겠습니다.
  가까운 객실승무원에게 말씀해주세요.

【회화 2】
- 승무원: 예약 주문 상품입니다. 손님, 현금이십니까?
- 손님: 카드로 부탁드려요.
- 승무원: 네, 알겠습니다. 잠시만 기다려 주세요.
  이쪽에 이름과 사인을 부탁드립니다.
  영수증입니다. 감사합니다.

【회화 3】
- 승무원: 기내판매입니다. 면세품의 주문은 없으신가요?

손님	어떤 물건이 있어요?
승무원	양주, 화장품, 향수 등이 있습니다.
	자세한 사항은 안내서를 봐 주세요.
손님	저기요. 일품소주를 한 병 주세요.
승무원	네 알겠습니다. 45,000원입니다.
	50,000원을 받았습니다.
	5,000원 거스름돈 입니다. 확인해 주세요.

12과 머리가 아픕니다.

【회화 1】

손님	저기요. 조금 춥습니다만, 담요를 받을 수 없을까요?
승무원	네 알겠습니다. 잠시만 기다려 주세요.
	죄송합니다. 담요는 전부 나갔습니다.
	기내 온도를 조절하겠습니다.
	따뜻한 음료라도 가져다 드릴까요?
손님	부탁드릴게요.

【회화 2】

손님	머리가 아픈데, 두통약은 있습니까?
승무원	네, 잠시 기다려 주세요. 금방 가져다 드리겠습니다.
	오래 기다리셨습니다.
	여기 약입니다. 빨리 나으세요.
	그 외에 필요하신 것이 있으시면 불러 주세요.

【회화 3】

손님	조금 속이 안 좋은데요.
승무원	좌석주머니 속에 위생봉투가 준비되어 있습니다.
	멀미약과 따뜻한 물이라도 가져다 드릴까요?
손님	네, 부탁드려요.
승무원	네, 잠시만 기다려 주세요. 금방 가져다 드리겠습니다.
	오래 기다리셨습니다. 여기 약과 물입니다.
승무원	기분은 어떠세요?
손님	좋아졌어요.
승무원	그거 다행이네요.

13과 입국카드와 세관신고서 입니다.

【회화 1】

승무원	이제부터 입국서류를 가져다 드리겠습니다.
	(지금) 수중에 가지고 있지 않으신 분은 승무원에게 말씀해주세요.

	일본 분이십니까? 어디까지 가십니까?
손님	서울까지입니다.
승무원	여기 입국카드와 세관신고서입니다.

【회화 2】
승무원	세관신고서입니다. 가족 분들이십니까?
	세관신고서는 가족 당 한 장입니다.
손님	신고할 물건이 없는데요.
승무원	신고할 물건이 없더라도 필요합니다.
	직업과 주소, 사인을 부탁드립니다.

【회화 3】
승무원	세관신고서와 입국카드입니다. 영어 대문자로 부탁드립니다.
	미국 비자를 가지고 계십니까? 어디까지 가십니까?
손님	환승입니다.
승무원	그러면 괜찮습니다.

14과 탑승해 주셔서 감사합니다.

【방송 1】
(승객) 여러분 저희 비행기는 잠시 후 출발하겠습니다.
부디 좌석벨트를 매어 주시고,
좌석과 테이블은 원위치로 돌려놔 주십시오.
또한 휴대전화는 비행기기에 영향을 끼칠 수 있기 때문에 전원을 꺼 주십시오.
──────────
(승객) 여러분 안전을 위해서 기내에서의 담배는 규정상 엄격히 금지되어 있습니다.
또한 안전운행을 위해서 이착륙시에는 모든 전자기기는 사용하실 수 없습니다.

【방송 2】
여러분, 오래 기다리셨습니다. 방금 정비가 종료되어,
저희 비행기는 잠시 후 출발하겠습니다.
바쁘신 중에 손님 여러분께 폐를 끼쳐드린 점 사죄 말씀드립니다.
──────────
여러분 오래 기다리셨습니다.
인천공항의 기상상태가 좋아져 잠시 후 이륙하겠습니다.
또한 이륙 후, 기류가 불안정한 곳을 통과할 예정입니다.
좌석벨트를 착용사인이 꺼질 때까지 좌석벨트를 풀지 않으시길 부탁드립니다.

【방송 3】
승객 여러분 안녕하십니까?
오늘도 스카이팀 ○○항공를 이용해 주셔서 진심으로 감사드립니다.
이 비행기는 307편 동경행입니다.

이 편은 ○○항공과 ○○항공이 공동으로 운항하고 있습니다.
나리타공항까지의 비행시간은 이륙 후 2시간 20분을 예정하고 있습니다.
오늘은 기장 김수호, 사무장을 비롯해 승무원 8명이
여러분을 나리타공항까지 안내하겠습니다.
용무가 있으시면 저희들에게 사양 마시고 알려 주십시오.
그러면 쾌적한 하늘 여행을 즐겨 주십시오.

15과 여러분 안내말씀 드립니다.

【방송 1】
승객 여러분 이제부터 안전에 관한 비디오를 상영하겠습니다.
앞쪽의 스크린을 봐 주십시오.
─────────
승객 여러분, 이제부터 승무원이 이 비행기의 비상구와 비상용 구명용구에 대해서 안내해 드리겠습니다. (스크린을) 봐 주십시오.
이 비행기는 좌우 합쳐 여덟 곳의 비상구가 있습니다.
승객 여러분의 좌석에서 가장 가까운 비상구의 위치를 확인해 주십시오.
비상시에는 통로에 가이드 라이트가 켜져 비상구를 알려 드립니다.

【방송 2】
승객 여러분 벨트착용 사인이 들어오면 좌석벨트를 매어 주십시오.
벨트는 단단히 매어 주십시오.
푸실 때는 버클을 들어 올리시면 간단히 풀립니다.
또한 산소마스크는 위 쪽 선반 안에 있습니다.
산소가 필요할 때 산소마스크는 자동적으로 내려 옵니다.
마스크가 나오면 마스크를 (얼굴) 앞 쪽으로 당겨서, 코와 입에 대어 주십시오.
구명조끼는 좌석 아래에 있습니다.
자세한 사항은 앞 주머니의 안내서를 봐 주십시오.

【방송 3】
승객 여러분 지금 벨트착용 사인이 꺼졌습니다만,
급격한 기류변화에 대비해 좌석에 앉아 계실 때는
좌석벨트를 매어 주십시오.
─────────
지금 기류가 불안정한 곳을 통과하고 있습니다.
좌석벨트를 단단히 매어 주세요.
또한 송구합니다만, 기내 서비스를 잠시 중단하겠습니다.
흔들림이 진정되는대로 서비스를 개시하오니, 부디 양해 부탁드립니다.

16과   여러분 곧 착륙하겠습니다.

【방송 1】
　　승객 여러분, 이 비행기는 잠시 후 착륙하겠습니다.
　　이제부터 기내 서비스를 종료하겠습니다.
　　여러분의 안전을 위해서 짐은 윗 쪽 선반, 또는 좌석 아래에 놔 주십시오.
　　또한 좌석벨트를 매시고 발판과 테이블은 원래의 위치로 돌려 놔 주십시오.
　　이제부터 게이트에 도착할 때까지, 모든 전자기기는 사용하실 수 없습니다.
　　아무쪼록 협력 부탁드리겠습니다.

【방송 2】
　　승객 여러분, 이 비행기는 방금 나리타공항에 도착했습니다.
　　동경의 날씨는 맑음, 기온은 섭씨 20도입니다.
　　현지시간은 4월 14일, 오전 10시 30분입니다.
　　좌석벨트 착용 사인이 꺼질 때까지
　　잠시 동안 좌석에서 기다려 주십시오.
　　또한, 윗 쪽 선반을 여실 때에는 짐이 미끌어져 나올 수 있으므로
　　주의해 주십시오. 내리실 때에는 잊어버리는 물건이 없도록 확인해 주십시오.

【방송 3】
　　승객 여러분, 이 비행기는 방금 인천공항에 도착했습니다.
　　오늘은 기류의 관계로 도착이 늦어진 점 사과 말씀드립니다.
　　서울의 날씨는 비, 온도는 섭씨 15도입니다.
　　현지시간은 8월 5일 오후 4시 30분입니다.
　　좌석벨트 착용 사인이 꺼질 때까지
　　잠시 동안 좌석에서 기다려 주십시오.
　　여러분 오늘도 스카이팀 ○○항공을 이용해 주셔서　감사드립니다.
　　또 가까운 시일에 여러분을 만나 뵐 수 있기를 승무원 일동 기다리고 있겠습니다.
　　탑승해 주셔서 감사합니다.

4. 연습문제 풀이

1과　　サービス あいさつ

【연습하기】
1. ① ご用意　② ご用　③ 協力　④ 利用

2. ① はじめまして。担当 乗務員の李でございます。　どうぞ よろしく お願いいたします。
   ② はじめまして。担当 乗務員の朴でございます。　どうぞ よろしく お願いいたします。
   ③ はじめまして。担当 乗務員の竹内でございます。　どうぞ よろしく お願いいたします。
   ④ はじめまして。担当 乗務員の山田でございます。　どうぞ よろしく お願いいたします。

【말하고 써보기】
① いらっしゃいませ。こんにちは。
② 担当 乗務員の金でございます。どうぞ よろしく お願いいたします。
③ ご遠慮くださいませ。
④ はい、かしこまりました。すぐ お持ちいたします。
⑤ ほかに ご必要なものは ございませんか。

2과　　ご搭乗券を お見せください。

【단어쓰기】
1. ① とうじょうけん　　　② なんばん
   ③ あんない　　　　　　④ まどがわ
   ⑤ おく　　　　　　　　⑥ つうろがわ
2. ① お客様　　　　　　　② 二階
   ③ 座席　　　　　　　　④ 右側
   ⑤ 乗務員　　　　　　　⑥ 進む
   ⑦ 見せる　　　　　　　⑧ あちら

【연습하기】
1. ① あちらは お手洗いでございます。
   ② こちらは ビジネスクラスでございます。
   ③ これは 入国カードでございます。
   ④ これは 出国カードでございます。

2. ① お二階へ　どうぞ。　/　お二階へ　お進みください。
　　② 奥の方へ　どうぞ。　/　奥の方へ　お進みください。
　　③ 前の方へ　どうぞ。　/　前の方へ　お進みください。
　　④ 後ろの方へ　どうぞ。/　後ろの方へ　お進みください。

【말하고 써보기】
　① ご搭乗券を　お見せください。
　② あちらへ　お進みください。右側の奥です。
　③ お客さまのお座席は　あちらの窓側でございます。
　④ 奥の方へ　お進みくださいませ。
　⑤ ご案内いたします。

3과　　お荷物は　上の棚に　お入れください。

【단어쓰기】
1. ① ひじょうぐち　　　② ざせき
　③ あんぜん　　　　　④ たな
　⑤ じゅうぶん　　　　⑥ ちゅうい
2. ① 上　　　　　　　　② 下
　③ 入れる　　　　　　④ 置く
　⑤ 手伝う　　　　　　⑥ いっぱい
　⑦ 荷物　　　　　　　⑧ スペース

【연습하기】
1. ① コーヒーとお茶がございます。
　② 日本のビールと韓国のビールがございます。
　③ お手伝いいたしましょうか。
　④ お持ちいたしましょうか。
2. ① おそれいりますが、お切りください。
　② おそれいりますが、お開けください。
　③ おそれいりますが、お確かめください。
　④ おそれいりますが、お置きください。

【말하고 써보기】
　① こちらは　非常口でございます。

② 安全のため、割れ物は お座席の下に お置きください。
③ お手伝いいたします。
④ こちらは もう いっぱいでございます。
⑤ お客さま、おそれいりますが、安全のため、お荷物は 上の棚に お入れください。

4과　非常口座席でございます。

【단어쓰기】
1. ① まんせき　　　② しつれい
   ③ かぞく　　　　④ あんない
   ⑤ ほんじつ　　　⑥ えんじょ
2. ① 非常口　　　　② 指示
   ③ 赤ちゃん　　　④ 離陸
   ⑤ 替える　　　　⑥ つける
   ⑦ ベット　　　　⑧ シートチェンジ

【연습하기】
1. ① おいしければ
   ② おもしろければ
   ③ たのしければ
   ④ さむければ
2. ① 赤ちゃん用のベットを お付けいたします。
   ② お荷物を お持ちいたします。
   ③ 乗務員を お呼びいたします。
   ④ 席を お替えいたします。
3. ① ご説明いたします。
   ② ご連絡いたします。
   ③ お詫びいたします。
   ④ お願いいたします。

【말하고 써보기】
① こちらは 非常口座席でございます。
② 赤ちゃん用のベットは 離陸の後、お付けいたします。
③ 非常時には 乗務員指示のもと ご援助を お願いいたします。
④ お待たせいたしました。
⑤ よろしければ、シートチェンジを お願いできませんか。

5과　新聞は いかがですか。

【단어쓰기】
1. ① りりく　　　　② よみもの
   ③ まいにち　　　④ しょうしょう
   ⑤ こしょう　　　⑥ おてあらい
2. ① 新聞(しんぶん)　　② 日本(にほん)
   ③ 調(しら)べる　　　④ まもなく
   ⑤ 寒(さむ)い　　　　⑥ 毛布(もうふ)
   ⑦ 急(いそ)ぐ　　　　⑧ イヤホン

【연습하기】
1. ① じゃ、コーヒーをください。
   ② じゃ、ワインをください。
   ③ じゃ、コーラをください。
   ④ じゃ、日本語(にほんご)の新聞(しんぶん)をください。
2. ① 非常口(ひじょうぐち)は あちらに ございます。
   ② パンフレットは シートポケットに ございます。
   ③ 酸素(さんそ)マスクは 上(うえ)の棚(たな)に ございます。
   ④ 救命胴衣(きゅうめいどうい)は お座席(ざせき)の下に ございます。

【말하고 써보기】
① 新聞(しんぶん)は いかがですか。
② すぐ お持(も)ちいたします。
③ まもなく 離陸(りりく)いたしますので、お急(いそ)ぎくださいませ。
④ イヤホンが 故障(こしょう)でございます。
⑤ ほかの物(もの)と お替(か)えいたします。

6과　シートベルトを お締めください。

【단어쓰기】
1. ① まど　　　　　② きょうりょく
   ③ いちど　　　　④ おこさま
   ⑤ いち　　　　　⑥ りりく
2. ① シートベルト　② ブラインド
   ③ リクライニング　④ しっかり
   ⑤ 縛(し)める　　⑥ 確(たし)かめる

⑦ 赤ちゃん　　　　　　　⑧ お連れ

【연습하기】

1. ① シートベルトを　お締めくださいませ。
   ② リクライニングを　お戻しくださいませ。
   ③ お名前を　お書きくださいませ。
   ④ 少々　お待ちくださいませ。
2. ① 熱いですので、ご注意ください。
   ② お持ちいたしますので、少々　お待ちください。
   ③ パンフレットがございますので、どうぞ　ごらんください。
   ④ 着陸いたしますので、お席に　おつきください。

【말하고 써보기】

① おそれいりますが、シートベルトを　お締めください。
② 窓のブラインドを　お開けください。
③ リクライニング、テーブルを　元の位置に　お戻しください。
④ シートベルトを　もう一度　お確かめください。
⑤ 小さな　お子様を　お連れのお客さまは　お子様を　しっかり　お抱きください。

7과　携帯電話のご使用は 禁じられております

【단어쓰기】

1. ① よてい　　　　　　　② しよう
   ③ えんりょ　　　　　　④ きない
   ⑤ ひこうじかん　　　　⑥ でんしきき
2. ① 通路　　　　　　　　② 携帯電話
   ③ 禁煙　　　　　　　　④ 空港
   ⑤ 全席　　　　　　　　⑥ ビデオ
   ⑦ スイッチ　　　　　　⑧ トイレ

【연습하기】

1. ① 電子機器のご使用は　禁じられております　／　ご遠慮ください。
   ② オーディオシステムのご使用は　禁じられております　／　ご遠慮ください。
   ③ 化粧室のご使用は　禁じられております　／　ご遠慮ください。
   ④ コンピューターのご使用は　禁じられております　／　ご遠慮ください。
2. ① おそれいりますが、電源を　お切りくださいませ。

② おそれいりますが、ブラインドを お開けくださいませ。

③ おそれいりますが、お荷物を 上の棚に お入れくださいませ。

④ おそれいりますが、割れ物は お座席の下に お置きくださいませ。

【말하고 써보기】

① 携帯電話のご使用は 禁じられております。

② おそれいりますが、スイッチを お切りください。

③ 電子機器は 離陸の後、お使いくださいませ。

④ 携帯電話は 電源を お切りください。

⑤ ご用の際は、お気軽に 乗務員に お声をおかけください。

8과　お飲み物は 何に なさいますか。

【단어쓰기】

1. ① おしょくじ　　② おのみもの
   ③ おちゃ　　　　④ さとう
   ⑤ あか　　　　　⑥ ちゅうい
2. ① おしぼり　　　② おかわり
   ③ 冷たい　　　　④ 熱い
   ⑤ コーヒー　　　⑥ ワイン
   ⑦ ジュース　　　⑧ ビール

【연습하기】

1. ① お食事は 何になさいますか。
   ② ご注文は 何になさいますか。
   ③ ワインは 何になさいますか。
   ④ 機内食は 何になさいますか。

2. ① 便利ですので、ご使用 くださいませ。
   ② 時間がないですので、お急ぎくださいませ。
   ③ ご案内いたしますので、ご連絡くださいませ。
   ④ 危ないですので、ご注意くださいませ。

【말하고 써보기】

① お飲み物は いかがですか。

② 熱いですので、ご注意くださいませ。

③ コーヒーのおかわりは いかがですか。

④ お食事前のお飲み物は 何になさいますか。
⑤ ワインは 赤と白がございますが、どちらに なさいますか。

9과　お食事は 何に なさいますか。

【단어쓰기】
1. ① おしょくじ　　　　② ぜんぶ
   ③ ごちゅうい　　　　④ わしょく
   ⑤ さかな　　　　　　⑥ あつい
2. ① ビビンバ　　　　　② やさい
   ③ ゆっくり　　　　　④ チキン
   ⑤ わかめスープ　　　⑥ でる
   ⑦ ビーフ　　　　　　⑧ 毛布

【연습하기】
1. ① ビビンバを ください。
   ② パンを ください。
   ③ ワインを ください。
   ④ 野菜スープを ください。
2. ① 毛布は 全部 出てしまいました。
   ② お魚は 全部 出てしまいました。
   ③ ビールは 全部 出てしまいました。
   ④ 赤ワインは 全部 出てしまいました。

【말하고 써보기】
① お食事は 何に なさいますか。
② お食事は ビーフとお魚がございます。どちらに なさいますか。
③ ビビンバは 全部 出てしまいました。
④ わかめスープが 熱いですので、ご注意くださいませ。
⑤ ごゆっくり、どうぞ。

10과　お食事は お済みでしょうか。

【단어쓰기】
1. ① しつれい　　　　　② いま
   ③ あと　　　　　　　④ ひつよう

⑤ けっこう　　　　　　　⑥ おしごと
2. ① まだ　　　　　　　　② 済む
　 ③ さげる　　　　　　　④ さがす
　 ⑤ コート　　　　　　　⑥ 預かる
　 ⑦ サービス　　　　　　⑧ 申し込み

【연습하기】
1. ① 後で、お持ちいたしましょうか。
　 ② お荷物を　お預かりいたしましょうか。
　 ③ ご注文を　お手伝いいたしましょうか。
　 ④ 温かいお水を　お持ちいたしましょうか。
2. ① 入国カードは　お持ちでしょうか。
　 ② 何か　お探しでしょうか。
　 ③ 税関申告書は　お書きでしょうか。
　 ④ ご注文は　お決まりでしょうか。

【말하고 써보기】
① 後で、(お食事を)　お持ちいたしましょうか。
② お食事は　お済でしょうか。
③ おさげいたします。
④ ほかに　ご必要なものは　ございませんか。
⑤ コーヒーは　ほかの乗務員が　サービスいたします。

11과　免税品の ご注文は ございませんか。

【단어쓰기】
1. ① よやくちゅうもん　　② げんきん
　 ③ あんないしょ　　　　④ おなまえ
　 ⑤ しょうひん　　　　　⑥ きぼう
2. ① 機内販売　　　　　　② シートポケット
　 ③ 申しつける　　　　　④ レシート
　 ⑤ 洋酒　　　　　　　　⑥ 化粧品
　 ⑦ 香水　　　　　　　　⑧ お返し

【연습하기】
1. ① ほかに　ご用は　ございませんか。
　② お忘れ物は　ございませんか。
　③ なにか　ご用は　ございませんか。
　④ 申告するものは　ございませんか。
2. ① お茶、紅茶、コーヒーなどがございます。
　② 日本の新聞、韓国の新聞、雑誌などがございます。
　③ ジュース、ソフトドリンク、ビールなどがございます。
　④ ビーフ、お魚、チキンなどがございます。

【말하고 써보기】
① 只今より　免税品の販売を　いたします。
② 免税品のご注文は　ございませんか。
③ 予約注文の商品でございます。
④ お客様、現金でございますか。
⑤ こちらに　お名前とサインを　お願いいたします。

12과　頭が いたいんです。

【단어쓰기】
1. ① きぶん　　　　　　② ようい
　③ おんど　　　　　　④ ちょうせつ
　⑤ ずつうやく　　　　⑥ だいじ
2. ① 用意　　　　　　　② 薬
　③ 痛い　　　　　　　④ 温かい
　⑤ 酔い止め薬　　　　⑥ シートポケット
　⑦ エチケット袋　　　⑧ 頭

【연습하기】
1. ① 気分が悪いんですが、酔い止め薬をもらえませんか。
　② 胸やけがするんですが、胃腸薬をもらえませんか。
　③ 頭が痛いんですが、頭痛薬をもらえませんか。
　④ ワインがほしいんですが、ワインリストをもらえませんか。

2. ① 酔い止め薬でも お持ちいたしましょうか。
　 ② 毛布でも お持ちいたしましょうか。
　 ③ お冷でも お持ちいたしましょうか。
　 ④ エチケット袋でも お持ちいたしましょうか。

3.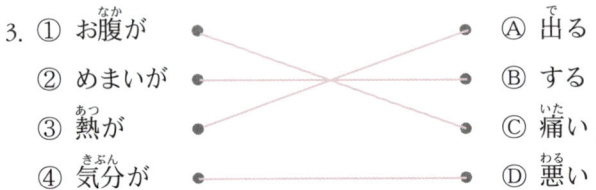
① お腹が　　　　　　　　 Ⓐ 出る
② めまいが　　　　　　　 Ⓑ する
③ 熱が　　　　　　　　　 Ⓒ 痛い
④ 気分が　　　　　　　　 Ⓓ 悪い

【말하고 써보기】
① 機内温度を　調節いたします。
② エチケット袋が　ご用意しております。
③ ほかに　ご必要なものがございましたら、お呼びください。
④ ご気分は　いかがですか。
⑤ 酔い止め薬と温かいお水でも　お持ちいたしましょうか。

13과　入国カードと 税関申告書でございます。

【단어쓰기】
1. ① ぜいかん　　　　　　② しんこくしょ
　 ③ にゅうこくしょるい　④ おてもと
　 ⑤ えいご　　　　　　　⑥ おおもじ
2. ① 住所　　　　　　　　② 記入
　 ③ 家族　　　　　　　　④ アメリカ
　 ⑤ お仕事　　　　　　　⑥ 一枚
　 ⑦ ビザ　　　　　　　　⑧ 乗り継ぎ

【연습하기】
1. ① 免税品の申込書を　お持ちでない方は　乗務員に　お声をおかけください。
　 ② 免税品の予約注文書を　お持ちでない方は　乗務員に　お声をおかけください。
　 ③ 税関申告書を　お持ちでない方は　乗務員に　お声をおかけください。
　 ④ 出国カードを　お持ちでない方は　乗務員に　お声をおかけください。
2. ① 税関申告書は　記入するものがなくても　ご必要です。
　 ② 日本は　ビザがなくても　入国できます。

③ 外国語は 興味がなくても 必要です。
④ 旅行は 時間がなくても 必要です。

【말하고 써보기】
① 入国カードと税関申告書でございます。
② 税関申告書は 申告するものがなくても ご必要です。
③ お客様、どちらまで いらっしゃいますか。
④ アメリカのビザを お持ちですか。
⑤ 入国書類を お持ちでない方は 乗務員に お声をおかけください。

14과　ご搭乗 ありがとうございます。

【단어쓰기】
1. ① でんげん　　　　② えんりょ
　 ③ じゅんび　　　　④ めいわく
　 ⑤ てんこう　　　　⑥ りちゃくりく
2. ① 気流　　　　　　② 安全運航
　 ③ 終了　　　　　　④ 機長
　 ⑤ 着用　　　　　　⑥ 快適な
　 ⑦ 規定　　　　　　⑧ たばこ

【연습하기】
1. ① コンピューターのご使用は ご遠慮ください。
　 ② サインが消えるまで 電子機器のご使用は ご遠慮ください。
　 ③ 離着陸時、お手洗いのご使用は ご遠慮ください。
　 ④ 携帯電話のご使用は ご遠慮ください。
2. ① 快適な空のたびを お楽しみください。
　 ② 最新映画サービスを お楽しみください。
　 ③ 東京滞在を お楽しみください。
　 ④ 機内のオーディオサービスを お楽しみください。

【말하고 써보기】
① 携帯電話は、飛行計器に 影響をあたえますので、電源を お切りくださいませ。
② 機内でのたばこは 規定により、かたく禁じられております。
③ お急ぎのところ、皆様に ご迷惑をおかけいたしますことを お詫び申し上げます。

④ 天候がよくなりましたので、まもなく離陸いたします。
⑤ ご用の際は、わたくしどもに ご遠慮なく、お知らせくださいませ。

15과　皆様 ご案内 申し上げます。

【단어쓰기】
1. ① きりゅう
   ③ ひじょうよう
   ⑤ りょうしょう
   ② さゆう
   ④ きゅうめいようぐ
   ⑥ ちゅうだん
2. ① 上映
   ③ 開始
   ⑤ 救命胴衣
   ⑦ 揺れ
   ② 機内サービス
   ④ 酸素マスク
   ⑥ 非常時
   ⑧ 通路

【연습하기】
1. ① ご注文を ご確認させていただきます。
   ② 販売を 一時中止させていただきます。
   ③ パスポートを 拝見させていただきます。
   ④ 明日、ご連絡させていただきます。
2. ① ベルト着用のサインが 消えましたら、機内サービスを 開始いたします。
   ② 酸素マスクが でましたら、鼻と口に おあてください。
   ③ 機内サービスが 終了しましたら、免税品の販売を 開始いたします。
   ④ 空港に 到着しましたら、ご連絡ください。

【말하고 써보기】
① お座席から一番近い非常口の位置を お確かめください。
② ベルト着用のサインがつきましたら、シートベルトを お締めください。
③ ただいま、ベルト着用のサインが 消えました。
④ 機内サービスを しばらく中断させていただきます。
⑤ ご了承くださいませ。

16과　皆様 まもなく 着陸いたします。

【단어쓰기】
1. ① おわすれもの
   ② しゅうりょう

③ げんちじかん　　　　　④ ちゃくよう
　　　⑤ きおん　　　　　　　　⑥ いちどう
2.　① 協力(きょうりょく)　　　② 晴れ(は)
　　　③ 滑り出る(すべ で)　　 ④ 時刻(じこく)
　　　⑤ お降りの際(お さい)　⑥ 近いうちに(ちか)
　　　⑦ 搭乗(とうじょう)　　　⑧ フットレスト

【연습하기】
1.　① 携帯電話のご使用は　お控えくださいますよう、お願い申し上げます。
　　② 電子機器のご使用は　お控えくださいますよう、お願い申し上げます。
　　③ お手洗いのご使用は　お控えくださいますよう、お願い申し上げます。
　　④ 機内での撮影は　お控えくださいますよう、お願い申し上げます。
2.　① 現地時間は　午前　7時(しちじ) 25分(にじゅうごふん)、
　　　ソウルの天気は　雨、気温は　20度でございます。
　　② 現地時間は　午後　9時(くじ) 40分(よんじゅっぷん)、
　　　ソウルの天気は　曇、気温は　18度でございます。
　　③ 現地時間は　午前　8時(はちじ) 10分(じゅっぷん)、
　　　ソウルの天気は　雪、気温は　―2度でございます。
　　④ 現地時間は　午前　10時(じゅうじ) 25分(にじゅうごふん)、
　　　ソウルの天気は　にわか雨、気温は　22度でございます。

【말하고 써보기】
　① この飛行機は　まもなく着陸いたします。
　② 東京の天気は　晴れ、気温は20度でございます。
　③ お降りの際は、お忘れ物のないよう、お確かめくださいませ。
　④ シートベルトの着用のサインが消えますまで、
　　 いましばらく　お座席にて　お待ちくださいませ。
　⑤ また近いうちに　皆様とお目にかかれますよう、
　　 乗務員一同、お待ちいたしております。

항공객실 일본어

저자약력

류정선

한국외국어대학교·동 대학원 일본문학 전공.
일본 나고야대학 일본문학 박사.
현) 인하공업전문대학 항공운항과 교수 (항공객실 일본어 담당)

공저 『그로테스크로 읽는 일본문화』 책세상, 2008
공저 『(일본고전독회 편) 공간으로 읽는 일본고전문학』 제이앤씨, 2013
공저 『(일본고전독회 편) 에로티시즘으로 읽는 일본문화』 제이앤씨, 2013

항공객실 일본어

초판 1쇄 발행	2016년 12월 27일
초판 2쇄 발행	2021년 02월 26일
저　　자	류 정 선
발 행 인	윤 석 현
발 행 처	제이앤씨
책 임 편 집	최 인 노
등 록 번 호	제7-220호
우 편 주 소	서울시 도봉구 우이천로 353 성주빌딩
대 표 전 화	02) 992 / 3253
전　　송	02) 991 / 1285
홈 페 이 지	http://jncbms.co.kr
전 자 우 편	jncbook@hanmail.net

ⓒ 류정선, 2021. Printed in KOREA.

ISBN 979-11-5917-038-6　13730　　　　　　　정가 15,500원

* 이 책의 내용을 사전 허가 없이 전재하거나 복제할 경우 법적인 제재를 받게 됨을 알려드립니다.
** 잘못된 책은 구입하신 서점이나 본사에서 교환해 드립니다.